"Under the Cross of Christ
—
Yesterday, Today, and Forever"

Reflections on Lutheran Hispanic Ministry in the United States

"Bajo la Cruz de Cristo
—
Ayer, Hoy y Siempre"

Reflexiones acerca del Ministerio Hispano Luterano en los Estados Unidos

"Under the Cross of Christ — Yesterday, Today, and Forever"

Reflections on Lutheran Hispanic Ministry
in the United States

Reflexiones acerca del Ministerio Hispano Luterano
en los Estados Unidos

**Justo González
J.A.O. Preus III
Douglas Groll
Aurelio Magariño
Gerald Kieschnick**

Concordia Seminary Publications
Monograph Series–Number 6

Bajo la Cruz de Cristo

Publicaciones del Seminario Concordia
Serie de Monografías – Número 6

Concordia Seminary Publications
Monograph Series – Number 6

ISBN 0-911770-60-7
Copyright© 2004 Concordia Seminary
801 DeMun Avenue, St. Louis, Missouri 63105

Derechos reservados. Se prohibe la reproducción, almacenamiento en cualquier sistema o transmisión de cualquier parte de esta publicación ya sea por medios electrónicos, mecánicos, fotocopiadoras o grabaciones sin el expreso y previo permiso del Seminario Concordia, St. Louis.

All rights reserved. No part of this publication may be reproduced, stored in a retrieval system, or transmitted, in any form or by any means, electronic, mechanical, photocopying, recording, or otherwise, without the prior written permission of Concordia Seminary, St. Louis.

Printed by Sheridan Books, Chelsea, Michigan

CONTENIDO

Dedicatoria 7

Prefacio 11

Preface 17

Under the Cross of Christ . . . "Yesterday" 23

Bajo la Cruz de Cristo . . . "Ayer" (*Resumen*) 47

A Reflection on "Yesterday" 51

Una Reflexión acerca de "Ayer" (*Resumen*) 61

Bajo la Cruz de Cristo . . . "Hoy" 65

Under the Cross of Christ . . . "Today" 115

Una Reflexión acerca de "Hoy" 165

A Reflection on "Today" 177

Under the Cross of Christ . . . "Tomorrow" 187

Bajo la Cruz de Cristo . . . "Mañana" 197

Postscript 207

Palabras Finales 217

Dedication

Greetings, Brothers and Sisters, from Concordia Seminary.

The Hispanic Institute of Theology was established by The Lutheran Church–Missouri Synod and Concordia Seminary in 1987. Its mission is to offer a linguistically and culturally contextual program of theological education for Hispanic men and women wishing to serve the Church as pastors, deaconesses, and leaders. The Seminary's commitment to this enterprise reflects its mission to serve Church and world by providing theological education and leadership centered in the Gospel of our Lord Jesus Christ for the formation of pastors, missionaries, and leaders in the name of The Lutheran Church–Missouri Synod. But our commitment is also deeply rooted in the realization that American society continues to be dramatically shaped by an increasingly multi-ethnic population, among the largest of which is Hispanic. Concordia Seminary is pleased to take a leading role in the formation of Hispanics for ministry.

As a theological seminary, we are also acutely aware that there are other issues relating to Hispanic ministry than only those of practical methodology. The purpose of this collection of essays and presentations from the First National Hispanic Lutheran Convention in 2003, is to contribute to the theological dialogue which must take place in the Church concerning the theological issues inerrant in understanding and proclaiming the Gospel within a variety of cultures. Indeed, the contents of this volume very well may be the first attempt to address Hispanic missions and ministry from a distinctively theological perspective.

Concordia Seminary is pleased to offer this book to you as a gift along with our deep appreciation for the contributions you have made and continue to make to Hispanics in The Lutheran Church–Missouri Synod. May God continue to richly bless you.

John F. Johnson, President
Concordia Seminary
St. Louis, Missouri

Prefacio

La cruz que luego bendijo el genocidio
fue la que al principio habló de amor.
                Rubén Blades, "Conmemorando" (*Amor y Control*, 1992)

12 de octubre de 1992. En ocasión del quingentésimo aniversario de la llegada de Cristóbal Colón al continente americano, el cantautor, actor y activista político de nacionalidad panameña Rubén Blades—en una ocasión, hasta un serio candidato a la presidencia de su nación—propuso una conmemoración sin celebración de aquel evento que iniciara la colonización, conquista y a la vez cristianización de los indígenas de América.

Negativo y positivo se confunden en la herencia de 1492.
Hoy, sin ánimo de ofensa hacia el que distinto piensa,
conmemoro. Pero sin celebración.

Los sentimientos conflictivos de Blades acerca de aquel primer conflicto de culturas todavía repercuten en los corazones de millones de latinos que a pesar de sufrir a manos de victimarios de todos tiempos y lugares—desafortunadamente, incluimos a jerarquías y líderes eclesiales—han puesto su confianza en el Cristo de la cruz y en aquellos que en su nombre han proclamado y vivido la prioridad de su amor hacia los más débiles y necesitados entre nosotros. Desde tiempos coloniales, la experiencia de ser hispano cristiano ha sido amarga y dulce a la vez ya que ésta ha traído consigo dolor y bendición. Tal paradoja de nuestra herencia hispana nos dice que la cruz—a pesar de ser usada inmoralmente en ocasiones para hacer legítimas la opresión o la indiferencia al sufriente—sigue siendo en el Cristo crucificado y resucitado una fuente de fe, esperanza y amor en medio de la pobreza, el abuso, la marginalización y aún la muerte.

La Primera Convención Hispana de La Iglesia Luterana—Sínodo de Missouri encarnó y abrazó tal paradoja por medio de su tema, sesiones plenarias, reacciones a ponencias y resoluciones. Nada menos que un momento histórico en nuestro sínodo, reflexionamos seriamente acerca de nuestra historia, teología y práctica pastoral-misionera bajo el ambicioso tema "Bajo la Cruz de Cristo—Ayer, Hoy y Siempre". La comunidad en convención se identificó con la experiencia de hispanos en los Estados Unidos (en particular, congregaciones hispanas luteranas) que han vivido una existencia cruciforme con fe, esperanza y amor. Lo que nuestra participación en los sufrimientos de Cristo implique para ser un teólogo—sea hispano, anglosajón u otro—y hacer teología para, en medio de y especialmente en conjunto con latinos en este país deberá ser investigado por el lector en los ensayos de la convención que se compilan en esta obra. Por ahora, un breve vistazo a los temas de cada ensayo será suficiente para estimular el apetito del lector e invitarlo al diálogo.

En la primera ponencia, el conocido historiador de la iglesia Justo L. González nos habló de las ambivalencias históricas con raíces coloniales del cristianismo hispano que han influenciado hasta hoy al protestantismo hispano en los Estados Unidos. González llama a toda la iglesia a reconocer y respetar tales ambivalencias, abriendo un espacio que permita una tensión creativa—no una solución rígida—en iglesias y misiones hispanas entre las tendencias de asimilación a la cultura cristiana dominante y de preservación de una identidad cristiana latina. Es imperativo que hispanos sean incluidos y participen en debates y decisiones en cuanto al tema preservación-asimilación dentro de la iglesia. Nos queda como tarea definir y expandir la problemática del cristianismo hispano que plantea González en nuestro contexto luterano del Sínodo de Missouri.

En su respuesta a González, J. A. O. Preus, III, presidente de la Universidad Concordia Irvine, CA, sugiere que una "teología de diferencia" podría permitirnos afirmar plenamente la diversidad de culturas y dones que los hispanos traen al Sínodo de Missouri y a la vez proteger la expresión de la unidad de fe mediante una teología evangélica luterana. Como latinos luteranos, deseamos la unidad en Cristo y al mismo tiempo queremos contribuir teológicamente desde las perspectivas hispanas a la expresión de la teología luterana que tenemos en común. ¿Puede una teología de diferencia—y por extensión, de los dones del Espíritu—asumir algún tipo legítimo de diversidad en la iglesia que no sea solamente étnica, lingüística y cultural sino propiamente teológica? La propuesta de Preus y el marco de unidad-diversidad en el cual la expresa nos llama a hacernos tal pregunta y al mismo tiempo nos abre un camino para que una iglesia cada día más diversa en sus expresiones culturales trabaje en conjunto con el propósito de definir los límites de su diversidad teológica en pro de su unidad y misión.

Amplio, penetrante y aún profundamente personal en sus reflexiones acerca de los contextos del luteranismo anglosajón e hispano, Douglas Groll, Director del Instituto Hispano de Teología del Seminario Concordia, se propuso describir y analizar algunas raíces históricas, suposiciones filosóficas, acentos teológicos, valores culturales y contextos socioeconómicos de las iglesias anglosajonas e hispanas en los Estados Unidos. Más que descripción, sin embargo, Groll reta a anglosajones e hispanos luteranos a ser críticos de sus bienes y en especial ídolos culturales—en otras palabras, lo positivo y lo negativo (aún lo pecaminoso)—que a menudo influencian sus formas de entenderse a sí mismos, hacer teología e implementar modelos de ministerio y misión. Las afirmaciones de Groll sugieren que una contextualización de la ley y el evangelio con la debida conciencia histórica promete abrir el camino hacia el arrepentimiento y la reconciliación entre anglosajones e hispanos, lo cual puede crear a su vez más reciprocidad en su escucha, proclamación y práctica de la palabra de Dios en todo aspecto de la vida de la iglesia.

Motivándonos a practicar un evangelismo con conciencia social, Aurelio Magariño, estimado pastor, educador y misionero entre hispanos, nos dio una idea de las cruces que muchos latinos cargan en esta nación y llamó a nuestro sínodo a desarrollar y realizar una teología pastoral de solidaridad con el prójimo que sufre. Haciéndose eco de algunas observaciones hechas por Groll, Magariño está convencido que el camino hacia la solidaridad permitirá que muchos hispanos encuentren una casa en el Sínodo de Missouri, y a la vez animará a las congregaciones e instituciones del sínodo respectivamente a recobrar su voz profética en medio de injusticias y a distribuir con responsabilidad los recursos materiales y humanos necesarios para llevar a cabo la obra misionera al latino, con el latino y entre latinos.

Dada la importancia del evento que permitió esta publicación, nos parece apropiado concluir esta compilación de ensayos con algunas reflexiones de parte de Gerald Kieschnick, Presidente de La Iglesia Luterana—Sínodo de Missouri, y Alberto García, respetado teólogo y Presidente de la Primera Convención Hispana de nuestro sínodo. Es pertinente resaltar a la vez que nuestros pastores, diaconisas, líderes laicos y congregaciones luteranas extienden su agradecimiento al Seminario Concordia y a todas las personas que editaron, hicieron resúmenes y tradujeron los manuscritos para su pronta publicación.

Aunque es cierto que nunca debemos olvidar la cruz que algunos han abusado para bendecir o ignorar el dolor y la muerte de nuestros pueblos desde tiempos coloniales, debemos insistir que a pesar de las injusticias Dios ha estado creando para sí de manera misteriosa y profética un bello pueblo, una sociedad multi-étnica cuya identidad es capaz de incluir al europeo, al indígena, al esclavo africano y al asiático. Los hispanos forman un pueblo en cuyas venas corre la sangre de los pobladores de muchas naciones, tribus, gentes y lenguas—un pueblo al que Cristo compró por amor con su dolor y muerte en la cruz, y un pueblo que en sus ojos, teces e idiomas muestra a toda la iglesia un anticipo de la visión escatológica de Dios que es la ciudad celestial. ¡Esto es motivo de gran celebración y fiesta! Que el Espíritu del Cristo crucificado y resucitado dé a nuestro querido sínodo la sabiduría, la fuerza y el valor para vivir el presente a la luz de esa visión esperanzadora del mañana, a la luz del mañana que Dios ha designado.

Rev. Leopoldo A. Sánchez M., Ph. D.
Instituto Hispano de Teología
Seminario Concordia, San Luis, Missouri

Preface

*The cross that blessed the genocide
was the very first to speak of love.*
Rubén Blades, "Commemorating" (*Amor y Control*, 1992)

12 October 1992. On the occasion of the 500th anniversary of Christopher Columbus's arrival in the Americas, Panamanian singer/songwriter, actor and political activist Rubén Blades (at one time even a serious contender for his country's presidency) argued for a commemoration without a celebration of the fateful event that eventually led to the colonization, conquest and (at once) Christianization of the Amerindians.

Pluses and minuses mix in the heritage of 1492. Today, with no intention of offending those who think differently, I commemorate, but I won't celebrate.

Blades's mixed feelings concerning that first clash of cultures still echo in the hearts of millions of Latinos who, in spite of their sufferings under the powers that be of all times and places (unfortunately, church hierarchies and leaders included) have put their trust in the Christ of the cross and those who, in his name, have proclaimed and lived the priority of his love toward the weakest and neediest in our midst. From colonial times the experience of being a Hispanic Christian has been bittersweet; that is to say, full of pain but also of blessings. Our inherited paradox tells us that the cross, although a symbol often used to legitimize oppression or indifference toward the sufferer, remains ultimately in Christ crucified and risen a true source of faith, hope, and love in the midst of poverty, abuse, marginalization and even death.

The First Hispanic National Convention of The Lutheran Church—Missouri Synod embodied and embraced such a paradox in its main theme, plenary sessions, responses to lectures and resolutions. In what was nothing less than a historic moment in our Synod, we set out to reflect seriously on our history, theology, and pastoral missionary practice under the ambitious theme "Under the Cross of Christ—Yesterday, Today, and Forever." Indeed, the Convention community sought to identify with the reality of the U.S. Hispanic experience (especially in Hispanic Lutheran congregations) of living a cruciform existence in faith, hope and love. What our sharing in the sufferings of Christ may mean for one who is a theologian—Hispanic, Anglo, or other—and doing theology for, among, and especially together with Latinos in this country remains for the reader to discover in the collection of Convention essays that constitute this work. For now a brief look at the essays' main themes will suffice to introduce the reader to the ongoing conversation.

In his opening address, renowned historian of the church Justo González spoke to us about the historical ambivalences rooted in colonial Hispanic Christianity that have shaped U. S. Hispanic Protestantism to date. Above all, González calls the whole church to recognize and respect such ambivalences by allowing for a creative "both/and" tension (as opposed to an "either/or" solution) in Hispanic churches and missions. This tension manifests itself in the tendencies toward assimilation into the dominant Christian culture while yet trying to preserve a particular Latino Christian identity. It is imperative, moreover, that Hispanics be included and contribute actively in any preservation/assimilation debates and decisions within the church. As González himself admits, the task remains to define and expand his thesis as it addresses the inherent polarities of Hispanic Christianity in the Missouri Synod.

In his response to González, J. A. O. Preus, III, President of Concordia University Irvine, argued that a "theology of difference" could allow for a full appreciation of the diversity of cultures and respective gifts that Hispanics bring to the Missouri Synod. At the same time, it could still protect an expression of the unity of faith. As Latino Lutherans we desire unity in Christ. At the same time we wish to bring our unique theological contributions to bear on a common Lutheran expression of the faith. Can a theology of difference (and, by extension, of the gifts of the Spirit) go beyond ethnic, linguistic, and cultural differences to achieve a legitimate theological diversity in the Church? Preus's proposal and the unity/diversity framework in which he presents it certainly challenges us to answer that question by providing a way for an increasingly diverse church of many cultures to work together to define the limits of her theological diversity for the sake of her unity and mission.

In a comprehensive, insightful and at times deeply personal journey into key contexts of Anglo and Hispanic Lutheranism, Douglas Groll, Director of The Hispanic Institute of Theology of Concordia Seminary, set out to describe and analyze some historical roots, philosophical presuppositions, theological accents, cultural values and socioeconomic locations of Anglo and Hispanic churches in the United States. More than a descriptive exercise, Groll in the end uses concrete proposals to challenge both Anglo and Hispanic Lutherans to be critical of their cultural riches and especially idols—that is to say, both the positive and the negative (even sinful cultural idols) that often influence their self-understanding, theological formulations, and approaches to ministry and mission. Groll's reflections suggest that a historically conscious, contextualized preaching of Law and Gospel promises to open the way for repentance and forgiveness in Anglo-Hispanic relations. This, in turn, can lead to a reciprocal openness in hearing and speaking God's Word to each other and to living the same with one another in every facet of the church's life.

Encouraging a socially conscious evangelism, Aurelio Magariño, respected educator, pastor and missionary among Hispanics, gave us a picture of the crosses that many Latinos in this country bear. He also challenged our Synod to develop and implement a pastoral theology of solidarity with these suffering neighbors. Echoing some of Groll's concerns, Magariño believes strongly that such a move toward solidarity will allow many more Hispanics to see the Missouri Synod as their church home and encourage our Synod's congregations and institutions respectively to regain their prophetic voices in the face of injustices and to allocate responsibly appropriate material and human resources for the work of missions to, with, and among Latinos.

Given the historic importance of the event leading to this publication, it is proper to end this compilation of essays with some concluding reflections from Gerald Kieschnick, President of The Lutheran Church—Missouri Synod, and Alberto García, esteemed theologian and President of the First Hispanic National Convention of our Synod. It is appropriate also at this time to point out that our Hispanic Lutheran pastors, deaconesses, lay leaders and congregations extend their appreciation to Concordia Seminary and all persons involved in editing, summarizing and translating the manuscripts for publication.

While we should never forget that in the name of the cross some have abused, inflicted pain and ignored the death of our people since colonial times, we can be certain that, despite all this, God has been mysteriously and prophetically creating for himself a beautiful people, a multiethnic society whose identity is inclusive at once of the

European, the Native American, the African slave and the Asian. Hispanics are a people in whose veins run the blood of inhabitants from many nations, tribes, peoples and languages—a people whom Christ purchased out of love with his own pain and death on the cross, and a people whose eyes, skin tones and tongues give our church a foretaste of God's own eschatological vision of the heavenly city. This we celebrate! May the Spirit of the crucified and risen Christ give our dear Synod the wisdom, strength, and courage to live today in the light of that hopeful *mañana*, in the light of God's own tomorrow.

Rev. Leopoldo A. Sánchez M., Ph. D.
Hispanic Institute of Theology
Concordia Seminary, St. Louis, Mo.

Primera Convención Nacional Hispana Luterana
Lutheran Church, Missouri Synod
2 de agosto, 2003
Yesterday

Dr. Justo González

It is customary, in a setting such as this, to begin by saying how pleased and honored one is to have been invited. I am indeed pleased and honored. I am particularly grateful for this opportunity to address the Hispanic and other leaders at the opening session of this First Hispanic Convention of your denomination, which is not mine, but which through contact with several of you I have come to love and respect.

At the same time, however, I must confess to a certain degree of unease. You have asked me to address the past, to speak of "Yesterday," of the history that has brought us to this point. But the fact is that I know very little of the history of the LCMS, and even less of the history of Hispanic ministries within the LCMS. And what little I know I have learned from some of you who are here today, and who have lived through the history that today we remember and celebrate. Thus, I feel as if I had been asked to bring coals to Newcastle–or in this case, to bring Luther to Wittenberg!

I discussed this matter with your organizers, and was put at some ease when they explained that they were not really expecting me to speak of the history of Hispanic ministries within the LCMS, but rather to speak of the wider scope of the history of Latino Christianity, and how that wider history has brought us to this point. Thus, the first clarification I must make before I start is that I am speaking of what I know of Hispanic Christianity in general, and that it is up to you, who know and have lived your own history, to decide to what degree the shoe fits–or, as we say in Spanish, to what degree the skirt fits. Al que le sirva el sayo, que se lo ponga.

Having said all that, I must say that as I reflect on our yesterday—or rather, on our yesterdays—the theme that appears repeatedly is that of irreducible ambivalence, ambiguity or polarity. Very few things in our history have been black or white, and very few can be described as gray. Almost everything is black *and* white, yes and no, both/and—seldom either/or.

This goes as far back as Latin America's first encounters with Christianity, which were radically ambiguous. Much has been said about the violent nature of the conquest of the Americas by the Spanish and Portuguese–and still it is not enough. Civilizations that had stood for centuries collapsed in a few decades. Exploitation, pillage, massacres, and rape abounded. To this day, demographers do not agree on the exact number of casualties; but all agree that there were millions. All of this is well known, and need not be repeated now.

Not quite as well known is the connection of the church with that entire enterprise. By means of a series of bulls beginning as early as 1492, the popes granted the crowns of Spain and Portugal enormous power over the church in their colonies. The Iberian powers were given the "right of presentation," which in practical terms meant that they decided who was to be named to a bishopric or other high ecclesiastical office, and Rome simply confirmed the appointment. The founding and delimitation of new dioceses and other ecclesiastical jurisdictions became the responsibility of the government, which also had the right to decide which monastic orders, as well as which individual priests, bishops, and other ecclesiastical officers would be allowed in the colonies. In the finances of the church, all receipts were to be administered by the crown, which was also responsible for all expenses. Obviously, all this was decided before the conquests of Mexico and Peru, and therefore Pope Alexander VI thought he had struck a great bargain by ridding himself of the responsibility of evangelizing the new lands, and placing that burden on the governments of Spain and Portugal.

At any rate, the consequence of all this was that the church as a hierarchical institution became an agent of colonial policies. Bishops were appointed, not on the basis of their pastoral experience in the colonies, but rather on the basis of their political contacts in Spain or Portugal. Most of them had never been to the Western hemisphere when they were made bishops over lands whose names they barely knew. Many remained in Spain long after their consecration, enjoying the privileges of their office while postponing the responsibilities. When they finally came to these lands, they generally settled in the major cities, where the Indians they met were mostly people who had been uprooted from their traditional lives and customs, and forced to live as servants and menial workers in a culture they did not understand. Given such circumstances, it is not surprising that the vast majority of the ecclesiastical hierarchy was convinced that Spain was a great civilizing power, bringing not only faith, but also light and hope to a benighted people. From that perspective, the entire colonial enterprise was also a Christian enterprise. The church and the state, holding the traditional two swords of rule over bodies and souls, were bringing civilization and faith to the New World.

But that was not the only perspective held by the ranks of the workers in the church. In order to do its actual missionary work, the church counted on personnel provided by the three great missionary orders–Franciscans, Dominicans and Jesuits–as well as others. While many of these remained in the major cities, serving mostly as chaplains to the European settlers, many also went into the Indian villages, often living in them, and seeing native life in a way unknown to those who served only in established parishes. This point of view was facilitated by the vows of poverty of these friars, which enabled them to live in conditions that most diocesan priests found unacceptable.

The result was a strong countercurrent of criticism and protest against the policies and practices of the conquistadores, and even of the church as a hierarchy. The name of Fray Bartolomé de Las Casas is well known even in this country, as a champion of native rights, a critic of colonial policies, and an advocate for just laws in the treatment of the original inhabitants of these lands. Unfortunately, the reasons why he is known are not the best. Las Casas was translated into English at a time when the British were seeking to justify their enmity with Spain, and was therefore used as a tool of British anti-Spanish propaganda. One result is that Las Casas, who ought to be regarded as one of the greatest names of Spain, is often denigrated by the Spanish as a traitor to his country, and is said to have exaggerated his reports of massacres and atrocities. Another result is the impression that Las Casas was a lone oasis of compassion and protest in a desert of greed and acquiescence--a lone phenomenon in a church that simply and unambiguously supported the evil polices of the empire.

The truth is far from that. Las Casas, far from being a lone prophet crying in the desert, was a representative of a strong undercurrent of compassion and protest that at times shook even the colonial enterprise. He himself was prompted into action by a sermon preached in Santo Domingo by Antonio de Montesinos, a Dominican friar who, with the support of his entire convent, and as a spokesman for them, told those who held natives in virtual slavery:

> This voice [crying in the wilderness] says that you are in mortal sin, that you live and die in it, for the cruelty and tyranny you use in dealing with these innocent people. Tell me, by what right or justice do you keep these Indians in such a cruel and horrible servitude?

On what authority have you waged a detestable war against these people, who dwelt quietly and peaceably on their own land? ...[And then, in what to a sixteenth-century Spaniard was the height of insult] Be certain that in such a state as this you can no more be saved than Moors or Turks.

The hue and cry was immediately raised. The conquistadores protested. Their indignation reached the Spanish court. But the Dominicans remained firm, and the protest continued, not only in the work of Las Casas, but of many others who are less known, partly because they were not as articulate, partly because they wrote less, and partly because they never became instruments of English anti-Spanish propaganda.

The first missionary to Latin America to be canonized, St. Luis Beltrán, repeatedly accused his fellow Spaniards of cruelty and exploitation. The first miracle adduced in the process of his canonization is an indication of what he preached. It is said that he was sitting at dinner with some settlers when his host became incensed because Beltrán had declared that the bread they ate was kneaded in Indian blood. According to the acts of the process of canonization, St. Luis then took a tortilla, squeezed it, and drew blood from it. The story may well be no more than a pious legend, but it still bears witness to the memory people had of the preaching and actions of San Luis Beltrán.

In Paraguay and the surrounding area, the Jesuits organized a vast chain of missions among the Guaraní people. It is often said that these missions were paternalistic, and that the Jesuits were unwilling to relinquish authority to the natives. That is probably true. But what we often forget is that the real reason why the Jesuits were expelled from the area was that they dared teach the natives how to produce firearms and gunpowder in order to defend themselves against slave hunters coming into the area from São Paulo.

In Chile another Dominican, Gil González de San Nicolás, declared that wars against the natives designed to take possession of their lands were unjust wars, even when all the legal requirements established by church and government had been met, and that therefore any who profited from such wars, and in particular those who held lands, gold, or other possessions stolen from the Indians in such wars, were in mortal sin, and could not receive absolution nor take communion until they repented and showed that repentance by making restitution. Most of his fellow Dominicans agreed with him, and were soon joined by the Franciscans, with the result that for some time practically all Spaniards in the region were excommunicated. Eventually, as was to be expected, the hierarchy intervened, employed a subterfuge to declare Friar Gil a heretic, and the protest was smothered.

Meanwhile, however, all of these voices had reached Spain. In Salamanca, the most prestigious university of the nation, Francisco de Vitoria and other Dominican theologians questioned the reasons given for the conquest. They argued forcefully that the original inhabitants of these lands were their rightful owners, and that the Spanish had no right to make war on them, save for a very limited number of possible reasons. The report even circulated that Charles V himself was led to consider the possibility of withdrawing from the entire colonial enterprise. While that report is probably false, or at least greatly exaggerated, it is a sign of the power and impact of the protest. The church that for all intents and purposes was an arm of the crown, and an agent for the colonial enterprise, also included within itself those whose compassion and whose contact with the people led them to protest the policies both of the crown and of the church.

This is what I mean by declaring that Latin America's first encounters with Christianity were radically ambiguous. When one compares this story with what happened in the British colonies, one would probably not find the extreme examples of oppression that took place in Latin America. But one also will not find the courageous and far-reaching protest that took place in Latin America and even in Spain. Put another way, Christianity came to Latin America both as Don Quixote and as Sancho Panza. Christians came to get rich, to become powerful, or, as Sancho Panza would have said, "buscando una ínsula que gobernar"–seeking a land in which to govern. But they also came like Don Quixote, "lanza en ristre para desfacer entuertos"--with their lances ready to right the wrong--and therefore dared attack giants that others dismissed as mere windmills.

The same radical ambivalence has continued in Latin American Roman Catholicism throughout its history. For example, one can see this in connection with slavery and the treatment of slaves; one also sees it in connection with the struggle for independence. In Latin America, as in much of the Western Hemisphere, the Church justified African slavery on a number of grounds. Yet there were also voices of protest. Perhaps the best know is St. Peter Claver, a Jesuit who lived most of his life in Cartagena, and who in taking his monastic vows added a fourth to the three traditional ones, declaring himself permanently poor, permanently chaste, permanently obedient, and permanently "a slave of Ethiopians." In Cartagena, he worked unceasingly for the welfare of slaves, as well as for the welfare of those former slaves who, being too old or diseased to be of further monetary value, were emancipated to live in squalor on the streets. It was noticed that Peter would always doff his hat before a poor African, no matter whether free or slave, but that when he saw a member of the slave-holding aristocracy coming to meet him he would pointedly cross the street in order not to have to greet them. When his fame as a saintly person made him a popular confessor, he declared that he would hear confession in what he considered would be the order Jesus would follow: He would begin with the slaves, then the poor, then the children ... and by then he would probably run out of time! Once again, what we have here is the two sides of a church which for the most part is oblivious of the profound injustices of slavery, and yet produces leaders who join the slaves in solidarity and who raise their voices in protest.

The other example comes from the time of the struggles for independence. By and large, the higher echelons of the hierarchy strongly opposed the movements for independence. Indeed, it was very difficult for bishops born, raised and educated in Spain to understand the deep sentiments behind such movements. By contrast the native clergy, most of whom experienced in their own lives the prejudices and outrages leading to the quest for independence, often supported the movements–and some of them, like Father Hidalgo in Mexico, became their leaders.

In short, the Latino experience of church under the Roman Catholic colonial regime, and even after independence, has been one of a church that is both profoundly enmeshed in the life of the common people and haughtily aloof from the struggles of that life. It is a church both profoundly ours and yet strangely alien—which is one of the reasons why even to this day in much of Latin America when people are asked about their religious affiliation they often say "soy católico a mi manera"—I am a Catholic after my own fashion—or "soy católico, pero no creo en los curas"—I am a Catholic, but I don't believe in priests.

Perhaps one of the greatest weaknesses of most Protestant missionary work in Latin America, at least in the nineteenth and early twentieth centuries, was not recognizing this ambivalent relationship of people to the Roman Catholic Church. In the sending countries, and especially in the United States, it was expedient to justify the missionary enterprise to a continent that called itself Christian by painting the Roman Catholicism of the area in the most somber colors. In the mission field itself, it was easy to attract the first bands of believers by playing on their disaffection with the Catholic Church. Thus, both here and there, there was a common message: Catholics were idolaters; they worshiped Mary and the saints rather than Jesus; they retained the heathen practices of their native ancestors; their religion was the cause of their backwardness; their hierarchic views were incompatible with democracy and with modernity.

Such views, which entailed a wholesale condemnation of the culture and the religiosity of the people, made it very difficult for nascent Latin American Protestantism to value much in the culture in which it sought to take root. Of the radical polarity of religious life in Latin America, most early Protestant missionaries, as well as their first converts, could only see the dark side. (And I might add, since much of early Latin American Lutheranism came by way of immigration, that the same was true of the views that most of those immigrants had of the culture and religion of the lands in which they were settling.) The polarity or the ambiguity that was there was rarely acknowledged. Protestants in Latin America were taught to think in terms of either/or, and not of both/and. The common vocabulary among Protestants clearly showed this: one was either a Catholic or a Christian—and if a Christian, one rejected just about everything in the traditionally Catholic culture and religiosity.

This has had a strange, but understandable consequence: Once the enthusiasm of the first generation of converts passes, the new generations tend to have towards their denominations the same radically ambiguous attitudes of most Latin Americans toward the Roman Catholic Church.

Not only in Latin America, but also in the United States, something similar has happened in much of the history of Latino Protestantism. A case in point is the story of the beginning of such Protestantism in New Mexico, and its connection with the conflict between Father Antonio José Martínez and Archbishop Jean Baptiste Lamy—a story told in a very different way from the perspective of English-speaking Catholics in Willa Cather's famous book "Death Comes to the Archbishop."

Father Martínez, commonly known as "el cura de Taos," was a very respected Mexican priest who ran a seminary from which many of his fellow priests in the area had graduated. In a breach of church order that was quite common at that time and place, he was openly living with a woman with whom he had several children whom he acknowledged as his own. What was not so common was his interest in liberal ideas coming out of France and the United States, which fed into his disgust with the obscurantism and authoritarianism of his own Catholic Mexican hierarchy. When war broke out and New Mexico became part of the United States, Father Martínez expected a new order of greater freedom, including greater freedom in the Roman Catholic Church. But then the new Bishop arrived. Himself of French extraction, Bishop Lamy saw the Americanization of Roman Catholicism as a great achievement, and set out to do the same in his diocese. Mexican priests, including Martínez, soon found themselves marginalized within their own church. Open conflict broke out when the bishop ordered a pastoral letter requesting money for building an episcopal residence to be read in every church. Martínez refused, declaring that it was not the business of the church to take money from the poor and give it to the rich. Other priests followed his lead. At that point the bishop "discovered " that Martínez was not celibate. Eventually, Martínez either was excommunicated or voluntarily broke with the hierarchy, and for some time his followers were a schismatic group within Roman

Catholicism.

It was during these conflicts that Protestantism established itself in the area as a result of the annexation of the territory by the United States. Eventually, one of Martínez's sons became the first Latino Protestant minister in the Southwest. Many others from among Martínez's followers eventually joined either the Presbyterian or the Methodist church. The result was an astoundingly rapid growth of Protestantism among the formerly Mexican residents of New Mexico. Many of these people had felt marginalized in their own Roman Catholic Church, even though they felt deeply attached to the faith of that church. Now, with the coming of Protestantism, they found a way of being Christian which gave them a place and a voice in ecclesiastical life.

(In passing, let me add that some recent research indicates that there is a very high probability that a good number of the first Protestants in New Mexico may have been descendants of Jewish families that had been forcibly converted to Christianity and then migrated to the edges of Spanish power in order to escape the rigors of the Inquisition. Apparently, while practicing and sharing the Catholic faith, many of these people of Jewish extraction still kept a love for "the Book," as they would call the Bible, and welcomed a form of Christianity that emphasized the reading and the study of the Book.)[1]

But then both Methodists and Presbyterians followed policies very similar to those of Lamy and the Roman Catholic Church. They, too, sought to integrate their newly acquired converts and congregations into the larger American churches, and they saw the

---

1. See http://www.kulanu.org/cryptoforward.html.

missionary enterprise as also one of Americanizing the Spanish-speaking population. This may be seen clearly in a statement of the General Assembly of the Presbyterian Church in 1881:

> Those Mexicans in New Mexico, Arizona, and Southern Colorado, without an exception scarcely, bigoted Romanists, speaking a foreign language, 130,000 of them are American citizens. They have a right to the ballot-box. Yet they cannot even read the ballot which the priest puts into their hands. So ingrained is their tremendous ignorance and superstition, that scarcely an impression can be made, except by undermining through education.[2]

The result was a missionary strategy that sought to disconnect converts from their cultural roots, expecting them to find new roots in the traditions and culture of their newly adopted Protestant denominations. While this may have been done with good intentions, the net result was that very soon those converts and congregations began feeling marginalized within the denominations they had joined. Thirty years after the founding of the first congregations, growth had come to a virtual standstill. In some areas of the Southwest, particularly in Texas, discontent was such that for some time there was a fairly strong movement trying to bring together all the Latino Protestant congregations into an independent, Latino organization that would be tantamount to a new denomination. Several churches left their original denominations and banded together in this effort,

---

2. Quoted in R. Douglas Brackenridge and Francisco O. García-Treto, *Iglesia Presbiteriana: A History of Presbyterians and Mexican Americans in the Southwest* (San Antonio: Trinity University Press, 1974), p. 48.

which would eventually die.[3]

In brief, the outcome has been this: in many cases Hispanic Protestants related to their denominations in ways similar to those in which their Catholic ancestors related to the Roman Catholic Church. They loved their faith and practiced it actively and sincerely, but their participation in denominational life was at best marginal. As earlier in the case of Roman Catholicism, there has been a radical ambiguity in this relationship. It was not that people were, for instance, lukewarm Methodists. It was rather that they were committed Methodists—often more committed than most of their Anglo counterparts. Many considered the church their prime source of social identification. It was not uncommon for people to attend church functions five or more times a week. And yet, these very people remained aloof from connectional or denominational decision making, were often quite unaware of matters being debated in denominational circles, and sometimes did not even care. Thus, once again, while from the general perspective of the denomination they would seem uninvolved in denominational issues, or out of pace with the denomination as a whole, they were simply living in that both/and which their ancestors also experienced. And, if their ancestors said "Soy católico a mi manera"—I am a Catholic after my own fashion—meaning that they were devout Catholics, but not as the Church wished them to be, so they could almost be heard to say "Soy metodista a mi manera," or "Soy episcopal a mi manera"—which obviously did not sit well with denominational headquarters.

Behind this situation stood the fact that most major denominations wavered in their understanding of their Hispanic ministries—and some, rather than wavering, simply did not even seek

---

3. Brackenridge and García-Treto, *Iglesia Presbiteriana...*, p. 90.

to define such an understanding. This is understandable, for the both/and polarity of the Latino religious and cultural experience makes any seemingly logical resolution of the tensions a one-sided and therefore inadequate solution.

A point at which this is clearly discernible in the history of Latino Protestantism is the manner in which Latino work has been organized, usually trying to resolve the complex polarity between assimilation and identity.

On the one hand, there was the notion that, just as was the case with other immigrant groups, part of the task of the church was to help them integrate and become assimilated within the dominant North American culture. Thus, in the latter part of the nineteenth century, it was common for Methodists to have "Mexican and Portuguese" or "Italian and Spanish" missions. In such cases, the people's language and culture were to be employed only temporarily, to bring people into the church and into its culture, where they were expected to forget their traditions and to become assimilated into the whole. Structurally, Hispanic work was then organized as a provisional framework, to function only as long as required, until Hispanics were fully assimilated into the culture and the denomination.

On the other hand, at various points different denominations organized Latino judicatories and governing bodies, with the understanding that, at least for the time being, and probably for the long haul, it was best to allow for cultural and missional differences. Thus, for instance, the bodies that eventually formed the United Methodist Church organized the Rio Grande Conference, a Spanish-speaking Annual Conference that still exists, and which covers all of Texas and New Mexico, overlapping several other Annual Conferences. Likewise, in California, there was the Latin American

Provisional Annual Conference. For those not familiar with Methodist polity, the name of this conference did not necessarily mean that it was intended to disappear, for the normal expectation of a "provisional" conference is that it will eventually grow into a regular annual conference. Indeed, records seem to indicate that the Mexican-American constituency of that conference fully expected it to develop into a regular annual conference. But in 1956, partly as a response to the pressure for ethnic and racial integration, and in any case with very little consultation with its members, the Latin American Conference was dissolved. In South Florida, in 1914 the Methodists organized a Latin District, which included Spanish and Italian speaking churches in southern Florida. In Texas, the Presbyterian Church in the US (the Southern Presbyterians) organized the Texas-Mexican Presbytery, which lasted from 1908 to 1960.[4] Similar judicatories have been formed by several denominations, including the Assemblies of God and the Church of God (Cleveland).

Significantly, one can trace the growth and decline of Hispanic work in each of these denominations in relation to the existence of such judicatories. After the Latin District of Florida was dissolved, decline set in to the point that at the time of the Cuban Revolution there were only three churches left: one in Miami, one in Ybor City, near Tampa, and one in Key West.[5] In California, during the ten years immediately following the dissolution of the Provisional Annual Conference, the number of Latino Methodist churches

---

4. Brackenridge and García-Treto, *Iglesia Presbiteriana...*, pp. 87-125.

5. Humberto Carrazana, "The Southeastern Jurisdiction," in Justo L. González, ed., *Each in Our Own Tongue: A History of Hispanic United Methodistm* (Nashville: Abingdon, 1991), p. 100.

declined by more than a third, and the membership by 20%.[6] As a counterpoint to that, the Rio Grande Annual Conference, in spite of repeated attempts to dissolve it, and though still a fairly small annual conference within the United Methodist system, continues to flourish, and has contributed a disproportionate number of Latino leaders to the entire denomination.

All of this has been the manifestation in church structure of an issue that has not been resolved, and can never be resolved, but which must constantly be reconsidered and reevaluated. This is the matter of identity versus assimilation.

> ... this issue appears at various levels. It is a question families and individuals have to face, as new generations arise whose rootage in the Hispanic tradition may not be as deep as that of their ancestors. Children who grow up watching television in English, attending schools that teach in English, and generally being part of the dominant culture in the United States will clearly have difficulties relating to the earlier generations in their own families whose upbringing was different. Thus in the Hispanic community the generational gap is often also a cultural gap. . . . Where conflicts sometimes arise is in the insistence of the older generation that their children should also know Spanish and be rooted in Hispanic culture. Bombarded by cultural images and symbols that persuade them that Spanish and the culture it represents are second class, many in the younger generation resent their parents' insistence on their

---

6. Félix Gutiérrez, "The Western Jurisdiction," *Each...*, p. 82.

traditional culture.[7]

On the other hand, one should not exaggerate this transition. The constant influx of new Spanish-speaking immigrants, and the greater facility and frequency of communication with the lands of origin, have kept the Spanish language and the cultures it represented active for much longer than was the case with earlier waves of immigrants. Indeed, census figures would seem to indicate that even among Latinos and Latinas of the second, third, and fourth generations bilingualism continues, and that there is even a significant number who prefer Spanish as the language of daily communication.

This poses an important problem for all churches — a problem reflected in the structural issues just discussed, but not limited to them: To what extent should they promote Hispanic identity, and to what extent should they be instruments for assimilation? Quite clearly, the question had no definitive answer. Indeed, any definitive answer would probably have proven to be one-sided and therefore wrong. Unfortunately, as one surveys the history of Latino work in most major denominations, it would appear that, instead of constantly reminding themselves of the tensions that must be kept in this regard, they either ignored the issue altogether or wavered from one lopsided answer to another, thus wavering also in their strategies, and often undoing in one decade what they had gained in the previous one. And, to make matters worse, quite often such answers were given and followed without sufficient consultation with the Latino constituency itself.

Another point of polarity or ambiguity in the Latino community which has affected our history has to do with our relationships to our

---

7. González, *Each...*, p. 32.

various countries of origin. Here again, we are generally people of both/and. As has often been said, we are people of the hyphen: Mexican-Americans, Cuban-Americans, Salvadoran-Americans, and so on. While in this regard many of us would like to see the hyphen as a both/and, in actual practice it has often become a neither/nor. While many of us would much rather not have to choose between the two sides of the hyphen, reality — and quite often ecclesiastical reality — constantly forces us to choose, and still excludes us from being fully participants in whatever we choose. This is what Roman Catholic Mexican-American Virgilio Elizondo calls the experience of "mestizaje" — the experience of the mix-breed — and which he compares with the Galilean experience. The Galilean is seen as a Jew by the Gentiles, and practically as a Gentile by the Jews from Judea. Both Jews and Gentiles wish to make matters simple and clear-cut. But Galileans don't fit. In Texas, Elizondo is a Mexican. In Mexico, he is a Texan. He just doesn't fit.

Much more could and should be said about this experience of mestizaje — what I have been calling the both/and experience. For our purposes here today, however, I would like to point out that this, too, has played a role in the history of Latino Protestantism in the United States. As one looks at the history of that Protestantism, it is clear that it has developed most strongly in connection with its counterparts in Latin America. Much of the strength of Latino Methodism and Presbyterianism in Texas and in Southern California has to do with their contacts with their counterparts in Mexico. Much of the strength of Methodists, Baptists, Presbyterians and others in Florida has to do with their contacts — past and present — with Cuba, Puerto Rico, and Central America. Much of the strength of Latino Lutheranism in Southern California has to do with its contacts with El Salvador. In many ways, for Latinos in the United States, and particularly for Latino Protestants, borders are permeable.

Yet structurally and historically most Protestant denominations seem to consider borders almost as part of the order of creation. Churches are national churches. When it came to mission, a clear distinction was made between national and foreign missions. In some of our denominations, there is even a history of rivalry between these two, as they vie for resources, personnel, and influence. From the perspective of denominational structures, members of that denomination in San Diego had to relate to the denomination one way; but if they moved a few hundred feet to Tijuana they had to relate to the denomination in an entirely different way. Resources available in Tijuana were not available in San Diego, and vice versa. But from the point of view of those particular members, the church across the border was the same church, and there was a constant exchange of members, personnel, and other resources. Indeed, some would worship in the morning in San Diego, and in the evening in Tijuana. For some time, Presbyterians, Methodists, and others had Spanish-speaking judicatories whose borders crossed national borders. But then the national church needed to know where they belonged. They could not be both/and; they had to be either/or. To a large degree, the history of Latino Protestantism in these borderlands has been a history of the struggle between denominational structures trying to define borders and identities, and Latino resistance to be so defined. In that struggle, much energy has been lost and many have become alienated.[8]

Another related issue that has appeared throughout the history of Hispanic Protestantism in the U.S. has to do with the relationship between economics and ecclesiastical structure. With few exceptions, the vast majority of Latinos joining mainline Protestant

---

8. Two relatively recent doctoral dissertations, one by Daisy Machado and one by Paul Barton, abundantly illustrate this point, the first mostly with reference to the Disciples, and the latter to Methodists.

denominations have been significantly poorer than the average members of such denominations. In general, throughout the second half of the twentieth century, negative economic factors in the Hispanic community steadily remained at one and a half times their level for the nation as a whole. Thus, for instance, when unemployment was at 6%, Hispanic unemployment was at 9%; and when the general figure rose to 8%, the Latino figure rose to 12%. The same held true for poverty rates, underschooling, underemployment, etc. Furthermore, many Hispanics were and still are supporting relatives in their countries of origin. This made the actual rate of poverty much higher than the census regularly reported.

On this score, mainline Protestantism in the United States must be credited with generally looking with compassion at Latino poverty, and seeking to respond to it. But here again the ambivalence has persisted. Denominations generally saw themselves and their Latino enterprise as building a church *for* the poor. Hispanics yearned for a church *of* the poor.

Allow me to illustrate this point by means of a concrete example. Several decades ago I looked at the development of Protestant Hispanic churches in New York City. At that time, it was estimated that for a church to be "viable" in New York City it must have an annual budget of at least $100,000. At the same time, the census was reporting that the average income for a Latino family in New York was $10,000 a year. This would mean that for a Latino church to be viable it must have at least a hundred tithing families. How many Anglo churches in New York had a hundred tithing families at the time? I suspect not many! The Methodist Church was investing significant resources in promoting and subsidizing Hispanic congregations. But it was not ready to look at its own structures and expectations that prevented those mission congregations from becoming full partners with the rest of the denomination.

By not realizing this situation, and by not discussing it frankly, mainline Protestant churches in the twentieth century unwittingly priced themselves out of the vast majority of the Latino community. In my own denomination, I have often declared that most Hispanics could not afford to be United Methodists. Certainly, they were welcome to join a United Methodist church, but in so doing they were joining an institution that had been organized according to standards and expectations they could never meet, and which therefore would marginalize them and their community. The result was that Hispanic Protestantism usually followed one of two options, neither very desirable: either it really remained rooted in the Latino community, in which case it was marginalized in the denomination as a whole, or it took on the expectations and characteristics of the denomination, in which case it marginalized itself from the vast majority of the Latino community.

Time runs short, and as I come to the end of this address I am fully aware that there are many positive points in our history I could have highlighted, and which would have made us all feel better about ourselves. I could have spoken of the pioneers of the faith, preaching under the shade of a tree while mobs threw stones. I could have spoken of the many women who suffered oppression from their own families because they dared embrace a faith different than their husbands'. I could have spoken of our hymn writers, our great orators. In short, I could have spoken of the many of whom, as Hebrews would say, "The world was not worthy." Their names are known to many of us, and in any case they are written in the book of life.

Instead, I have chosen to speak of the ambiguities and the resulting difficulties and pitfalls that Hispanic Protestantism has had to face. I have done so for two reasons: One, that without understanding such ambiguities and difficulties it is impossible to understand the sacrifices and the deep commitment of our ancestors in the faith. And, secondly, that since those who do not know history are condemned to repeat it, if we do not recognize those ambiguities and the attendant pitfalls we are very likely to fall into them once again.

And yet, in spite of my generally critical remarks regarding our own history, as well as the history of the denominations to which we belong and which we love, I remain confident that this history, that these denominations, and that the Latino people within these denominations, are deeply cherished in the very bosom of God.

I began these remarks by confessing my ignorance of the history of the LCMS, and in particular of Latinos and Latinas within the LCMS. Now a second confession may be in order. This second confession has to do with the perspective from which I read the "yesterday" of which we are speaking. The organizers of this convention very logically planned it along a clear linear time line: yesterday - today - tomorrow. This is good, because it helps us discuss matters in order, and leads to planning and commitment for the future. But I know as a historian that history is never written merely from the past, but also from the standpoint of the present in which one lives and the future one hopes or dreads. As I look at the past, I interpret it in the light of my present and of the future I envision. Therefore, it is only right that, before closing the theme of "yesterday," I say a few words about the "tomorrow," the "mañana" from which I read that past.

Because I am a believer as I look at the history of the church, I cannot but read that history in the light of my expectation that the day shall come when "at the name of Jesus every knee shall bend, in heaven and on earth and under the earth, and every tongue shall confess that Jesus Christ is Lord, to the glory of God the Father"

(Phil. 2:10-11). From that perspective, as I look at our yesterdays, I look for the church giving—or failing to give —signs of that cosmic hope. As a believer, I look for the day when "people will come from east and west, from north and south, and will eat in the kingdom of God" (Lk. 13:29). From that perspective, as I look at our yesterdays, I look for the church rehearsing that hope out of which we live. As a believer, I share John's vision of "a great multitude that no one could count, from every nation, from all tribes and peoples and languages, standing before the throne and before the Lamb" (Rev. 7:9). And because I share that vision, I look for the church worshiping and praising God in a variety of languages and cultures, and in that variety giving an account of the hope that is in us. As a believer, I join the prophets of old in longing for the day when "they shall beat their swords into plowshares, and their spears into pruning hooks," and when "they shall sit under their own vines and under their own fig trees, and no one shall make them afraid" (Mic. 43-4). As a believing historian, I look for times and places in our yesterdays when the church has been faithful to that vision, and for times and places when the church has betrayed the vision, but I do it also in the conviction that the vision cannot be undone. In short, as today I come before you to explore our yesterdays, I invite you to look both at our "yesterdays" and at our "today" in the light of that tomorrow – God's mañana – from which God is pulling us.

Yesterday cannot be undone. It is a glory and a burden we must bear. Today is here for us to shape—and that is the purpose of this Convention. But as we look critically at our yesterdays, as we seek to shape our today, there is one thing we must never forget: that our tomorrow is certain; that, even more than our yesterdays, our tomorrow cannot be undone. They will indeed come from east and west, from north and south, and eat in the kingdom of God. They will indeed sit each under their own vine and under their own fig tree, and no one shall make them afraid. They will indeed beat their swords into plowshares, and will learn war no more. There will indeed be a multitude that no one can count, from every nation, from all tribes and peoples and languages, standing before the throne and before the Lamb. And among that multitude there will be voices singing in that language that I learned in the cradle: "Santo, santo, santo, Señor Dios del universo, llenos están el cielo y la tierra de tu gloria. Hosanna en las alturas." Amén.

PRIMERA CONVENCIÓN NACIONAL HISPANA LUTERANA
Los Angeles, California
2 DE AGOSTO, 2003

El Dr. Justo González en su ponencia titulada "Ayer," durante la Primera Convención Hispana Luterana, hizo un breve recuento de la historia del cristianismo entre el pueblo latinoamericano. En este recuento el Dr. González fue muy específico al recordar a la audiencia que pondría un énfasis en la historia del cristianismo hispano en general y no de una denominación específica y menos de la Iglesia Luterana.

La historia del cristianismo entre el pueblo latinoamericano, como ha sido la historia latinoamericana en general, siempre estuvo cundida de ambigüedad y polaridad a la misma vez. El Dr. González la comparó a Don Quijote y Sancho Panza. Muchos cristianos vinieron a la América en busca de riquezas y poder o como diría Sancho Panza "buscando una ínsula que gobernar", o "con lanza en ristre para desfacer entuertos" dispuestos a atacar gigantes que muchos consideraban molinos de vientos, como lo haría Don Quijote.

Pero poco se conoce de la estrecha conexión que existió entre la iglesia y la colonización de las tierras americanas. Desde el comienzo de la colonización en 1492 el papado había otorgado a las coronas españolas y portuguesas enormes poderes en la administración de la iglesia en sus colonias. Los gobiernos ibéricos podían tomar todas las decisiones referentes a la administración de la iglesia con el consentimiento y la aprobación total de Roma. El resultado final fue que la iglesia latinoamericana como institución jerárquica se convirtió en una agencia de la política colonial europea. La iglesia y el estado se unieron para traer la civilización y la fe al nuevo mundo.

A la misma vez, la obra misionera entre el pueblo indígena latinoamericano muchas veces se llevó a cabo por franciscanos, dominicos y jesuitas que no se quedaron sirviendo como capellanes a los europeos en las ciudades sino que se internaron y sirvieron a los pobladores nativos en sus aldeas. Estos esfuerzos muchas veces crearon una contracorriente de protesta y crítica contra la política y práctica colonial y aun contra la propia jerarquía eclesiástica. A pesar de que el Fraile Bartolomé de Las Casas es quizás el más conocido de estos líderes, muchos otros, como San Luis Beltrán y Gil González de San Nicolás, también expresaron su oposición al maltrato y explotación de la población nativa. Se dice que muchas de estas voces llegaron a España al punto que teólogos como el dominico Francisco de Victoria llegaron a cuestionar las razones dadas para la conquista del continente y enfatizaban el derecho de los habitantes a ser dueños de sus tierras.

La iglesia latinoamericana bajo el catolicismo colonial y aun después de la independencia de nuestros países se pudiera decir que es una iglesia profundamente nuestra y a la misma vez extranjera. Quizás esta sea una razón por la que muchos latinos al preguntarles acerca de su afiliación religiosa responden "soy católico a mi manera", o "soy católico, pero no creo en los curas".

Quizás una de las mayores debilidades de la obra misionera protestante en la América Latina en los siglos XIX y XX, fue el no reconocer la ambivalencia que generalmente existe entre el pueblo y la Iglesia Católica Romana. Los primeros misioneros protestantes atrajeron a muchos que no estaban satisfechos con la Iglesia Católica, pero la ambigüedad y la polaridad que existía nunca fue reconocida. Muchas veces a los protestantes latinoamericanos se les enseñó en términos de "uno u otro" y nunca de "ambos y". El vocabulario protestante latinoamericano lo demuestra claramente cuando se oye que una persona es "católica" o "cristiana", como diciendo que el cristiano tiene que rechazar todo lo que es tradicionalmente y culturalmente católico. Esta actitud ha tenido como consecuencia que una vez pasado el entusiasmo de la generación recién convertida, las generaciones que le siguen retornan a la misma actitud hacia sus denominaciones con la misma ambigüedad que la mayoría de los latinoamericanos tienen hacia la Iglesia Católica Romana.

El Dr. González señaló que lo mismo ocurrió en el desarrollo del protestantismo latino en los Estados Unidos. Muchas de las denominaciones protestantes buscaron desconectar a los recién convertidos de sus raíces con la esperanza de que ellos encontraran nuevas raíces en las tradiciones y cultura de la denominación protestante. Pero, una vez más, el resultado en muchos casos es que el hispano protestante termina relacionándose con su denominación de la misma manera que sus antepasados se relacionaron con la Iglesia Católica.

Durante el resto de su ponencia el Dr. González continuó destacando varios puntos en la historia del protestantismo latino que reflejan la ambigüedad de la comunidad latinoamericana y el entendimiento de la cultura hispana para las denominaciones protestantes. El Dr. González destacó que uno de estos puntos ha sido la manera en la que el trabajo entre el pueblo latino ha sido organizado, especialmente cuando se trataba de resolver la polaridad entre asimilación e identidad. Muchas denominaciones mantuvieron la noción que la iglesia necesitaba ayudar a todo inmigrante a integrarse o asimilarse a la cultura dominante en la América del Norte. A finales del siglo XIX se crearon muchas misiones para los "mexicanos", "italianos", "españoles" etc. La intención era de crear una organización provisional hasta que el grupo se integrara al resto de la sociedad. Por otro lado, otras denominaciones organizaron conferencias especiales que por un tiempo permitirían las diferencias culturales para un mejor desarrollo misional.

El Dr. González terminó su presentación afirmando que a pesar de las ambiguedades tan manifiestas en la historia de la Iglesia con el pueblo latino .... manifiestas en las denominaciones aún hoy en día, sin embargo tiene la confianza completa en el Dios de toda la historia:

> Después de esto miré, y vi una gran multitud, la cual nadie podía contar, de todas las naciones, tribus, pueblos y lenguas. Estaban delante del trono y en la presencia del Cordero, vestidos de ropas blancas y con palmas en sus manos. Clamaban a gran voz, diciendo: «¡La salvación pertenece a nuestro Dios, que está sentado en el trono, y al Cordero!».

Resumen del Dr. Roberto González

National Hispanic Lutheran Convention
August 2, 2003
Marriot Airport Hotel
Los Angeles, CA

Speaker: Dr. J.A.O. Preus, III

A Reflection on "Ayer" Por Justo González

BAJO LA CRUZ DE CRISTO (Hebrews 13:8)

Introduction: "Ayer, Hoy y Mañana"

A Lutheran theologian, especially a Lutheran systematician, is not supposed to show emotions or emphasize feelings. But I have some very strong feelings about being here. Specifically, I have three feelings that I want to communicate to you: great pleasure, deep honor, and some trepidation as I stand before you this afternoon. It is, first of all, a great pleasure to be among so many friends and to have the opportunity to participate in this wonderful event. *La Primera Convención Nacional Hispana Luterana* holds out great promise for strengthening the Lutheran Church's ministry among Latinos and I'm delighted to be here and to lend whatever support I can to this great cause.

I am also deeply honored to be included among such a great list of speakers. I have the greatest respect for Dr. Groll, and great admiration for President Kieschnick. But to have the task of reflecting on the very thoughtful presentation of the great Justo Gonzalez is a singular honor. I've been a big fan of Dr. Gonzalez since my seminary days. He's a great theologian and a great churchman. In fact, it was our pleasure to have him on the campus of Concordia University in Irvine as a keynote speaker a couple of years ago. I thought his essay this morning was outstanding.

And so I also approach my task today with some trepidation. Not only because I have to follow Justo Gonzalez in the program, but also because I'm really not an expert on the history of the Hispanic Lutheran church, certainly not like the other speakers are. And, unfortunately, my Spanish is so rusty from disuse that I have to speak to you in English, for which I apologize. I know, however, that I will have to sharpen my language skills before I get to heaven, since *el español es la lengua de los ángeles, la qual se habla en los cielos.* Although I have never had the benefit of working directly in ministry to or among Hispanics, many of you know of my strong support of this ministry and of the great interest I've always taken in things Hispanic.

A look at Ephesians 4:1-16

Partially in response to what Dr. Gonzalez said (especially when he emphasized the tendency of the Latin American church's "either/or" ambivalence toward the people) and partially as a way of getting at some of the questions I was asked to address by the program committee, I would like to focus our thoughts on Ephesians 4:1-16:

"As a prisoner for the Lord, then, I urge you to live a life worthy of the calling you have received. Be completely humble and gentle; be patient, bearing with one another in love. **Make every effort to keep the unity of the Spirit through the bond of peace. There is one body and one Spirit—just as you were called to one hope when you were called—one Lord, one faith, one baptism; one God and Father of all, who is over all and through all and in all.**

"But to each one of us grace has been given as Christ apportioned it. This is why it says: 'When He ascended on high, He led captives in His train and gave gifts to men.' (What does 'He ascended' mean except that He also descended to the lower, earthly regions? He who descended is the very one who ascended higher than all the heavens in order to fill the whole universe.) **It was He who gave some to be apostles, some to be prophets, some to be evangelists, and some to be pastors and teachers, to prepare God's people for works of service**, so that the body of Christ may be built up **until we all reach unity in the faith and in the knowledge of the Son of God and become mature, attaining to the whole measure of the fullness of Christ.**

"Then we will no longer be infants, tossed back and forth by the waves, and blown here and there by every wind of teaching and by the cunning and craftiness of men in their deceitful scheming. Instead, speaking the truth in love, we will in all things **grow up into Him who is the Head, that is, Christ.** From Him the whole body, joined and held together by every supporting ligament, grows and builds itself up in love, **as each part does its work**."

Time doesn't permit a thorough exegesis of this great passage, although that would certainly be fruitful. My purpose is more humble: to provide some basis for reflection on the nature of the church as it relates to the question of how The Lutheran Church—Missouri Synod can reach beyond its ethnic culture of origin and find a home in the hearts of people who come from a cultural place which is a long way from Germany and Scandinavia. Specifically, the issue exposed in this text from Ephesians, which may well be the Missouri Synod's greatest challenge today, is this: What is the proper balance between unity and diversity? Paul speaks of both unity and diversity in this text. Frankly, our *ayer* (our yesterday) demonstrates we haven't done a very good job of holding these two things in tension. We are <u>both</u> one and many. We have <u>both</u> unity and diversity at the same time.

Paul says, on the one hand: "Make every effort to keep the <u>unity</u> of the Spirit through the bond of peace. There is <u>one</u> body and <u>one</u> Spirit—just as you were called to <u>one</u> hope when you were called—<u>one</u> Lord, <u>one</u> faith, <u>one</u> baptism; <u>one</u> God and Father of all, who is over all and through all and in all." Clearly, Paul is emphasizing the importance and necessity of unity in the church.

On the other hand, he says: "It was He who gave <u>some</u> to be apostles, <u>some</u> to be prophets, <u>some</u> to be evangelists, and <u>some</u> to be pastors and teachers, to prepare God's people for works of service." In other words, he speaks of diversity of gifts and diversity of callings and, by implication, diversity of people.

I have believed for a long time that we need to develop a "theology of difference," a theological approach to diversity that affirms on the one hand the unity that is mandated in Scripture, but allows — no, even rejoices, in the diversity that is also mandated, or at least given. But are all unity and diversity good things? How do you tell the difference between good unity and bad unity, or between good diversity and bad diversity? What kind of diversity is good and what kind is not? When does diversity become disunity? What kind of difference ought we foster and encourage and what kind should we seek to overcome or avoid? Don't think that this is an easy question. At least it hasn't been easy for the LCMS, if you look at the way we've handled issues of differences in worship forms, or differences in gender roles in church and society, or relationships with those of different confessions or faiths. Again: the either/or mentality; one is either Lutheran (and Anglo) or one is Hispanic (and Catholic?). One can't be both Lutheran and Hispanic at the same time.

And this question relates directly to how the church, specifically the LCMS, relates to people of different cultures and languages, specifically to Hispanics. Our success has at best been mediocre. I think that's partly because we haven't done a very good job of discerning the difference between theology and culture. And there is a difference. Although our theology, and the practice which flows from it, are mediated through a particular culture, as indeed they must, it is critical that we do not confuse the two and fail to maintain a clear distinction between them. Theology is expressed through cultural forms, but theology is not the same as culture. Of course, our theology may create a culture for the church, which at points may stand in contradistinction to the culture of society, but the church's culture cannot be simply identified with one or another ethnic culture, whether that culture is Germanic or Hispanic. Instead, our theological culture becomes incarnated in a variety, a diversity, of cultures.

This passage from Ephesians helps point the way toward a more discerning approach to unity and diversity. I can't hope to solve this issue here with you in the brief time I have. I probably couldn't solve this problem even if I had all the time in the world. It will take all of us working together to resolve this tension. But, on the basis of Ephesians 4, the solution will have the following basic shape: The theology we proclaim is one—"There is <u>one</u> body and <u>one</u> Spirit—just as you were called to <u>one</u> hope when you were called—<u>one</u> Lord, <u>one</u> faith, <u>one</u> baptism; <u>one</u> God and Father of all . . . ;" the cultures through which we proclaim that one Gospel are many—"It was He who gave <u>some</u> to be apostles, <u>some</u> to be prophets, <u>some</u> to be evangelists, and <u>some</u> to be pastors and teachers, to prepare God's people for works of service." Theological unity is essential; but diversity is likewise necessary. And, as I said before, I consider that the diversity of gifts referred to in this text implies also diversity of cultures and languages, which are also gifts to the church. These, too, are necessary.

I say cultural diversity is <u>necessary</u>, not in the sense that it is a "necessary evil," as if "cultural diversity is really a bad thing and we cross cultural and linguistic barriers because we have to, but that we would really rather have them all learn English (or German) culture and language." I say it is <u>necessary</u> because the one theology must be proclaimed in diverse languages and cultural expressions. After all, our mandate is to make disciples of <u>all nations</u> and we have no choice but to do so through the languages and cultures in which the world's people live. There's no other way to reach culture-bound people. Or to put it in Dr. Gonzalez' terms, we must speak "after the manner of the Hispanic."

I think that sometimes in the past we have learned other people's languages and cultural forms, all of them, not just Latino, as a sort of condescension, or in a grudging way, as if the diverse ethnic groups are a "problem and that if only they would become more like us, things would go better." That attitude perhaps more than anything else is what needs to change. We have to get past our tendency, to put it the way Dr. Gonzales did, to see things in an either/or way: Either you're Hispanic or you're Lutheran. Either you're Germanic or you're not Lutheran, etc. It is certainly possible to be Hispanic and Lutheran. But in order to see our way clear to be both Hispanic and Lutheran, we're going to have to learn the difference between theology and culture; between what is theological and therefore cannot be compromised and what is cultural and therefore must be acknowledged and even celebrated.

The Apostles' Creed

To a large extent, the answers to some of the questions we're asking about differences are found in our theology of the church, as summarized by the Apostle's Creed: "We believe in one holy catholic and apostolic church, the communion of saints." Let's take a closer look.

The Church Is One

First, we confess that the church is one. There is "one body and one Spirit and one hope to which we were all called" (Ephesians 4:4),

Paul said. Because all who are in Christ through faith are one with Him, we are saddened when our unity is disrupted by error and falsehood. We know that every error in doctrine, because it ultimately affects the Gospel itself, is harmful to faith and that our Lord Himself has warned us of the false teachers who would arise in the church (Mt. 7:15; 24:23-24) and that we are to avoid them (Rom. 16:17-18; Titus 3:10-11). Yet, because the church is one, we deplore the divisions which have occurred in visible Christendom and we earnestly pray, as our Lord did (John 17:21) that we may all be one, and we are all committed to doing all we can to mend these divisions by securing a God-pleasing agreement in the Gospel and all its articles.

The Church Is Universal

We also know that the church is catholic, or universal. A self-consciously catholic understanding of the church gives full value to the universal dimension of the church. That the church is catholic means that it is universal and is not confined geographically. Central to the concern of the reformers was that the priesthood of all believers included all believers in Christ, not just a priestly class. And, likewise the church, which is universal, can never be conceived of in narrowly parochial or national terms. It is a simple, but profound truth that the *una sancta* extends out spatially; its context is universal.

What does such a church look like? It would not be, except in an external sense, "American," or "twentieth century." The church is neither space- nor time-bound. It is larger than American; larger than German. The church conceived as universal, would be a church whose forms are universal, open to the multiplicity of the racial and ethnic peoples for whom the Lord died and who He has saved through the means of grace. The liturgy of the church, which is universal, would be flexible and diverse, and inclusive in the sense that it would be formulated and articulated in the light of the various cultures among whom it is carried out. The liturgy would not be racist or ethnocentric; it would be neither German nor American. It would be universal.

[And this is precisely why the church that has a strong sense of its universality would treat the historic liturgy of the church with great respect. It would recognize that the liturgy transcends geographic boundaries. It does not belong to just one segment of Christendom, to do with as it pleases. The liturgy is not ours as Americans. It is only ours as church universal. We therefore would regard the liturgy as the accumulated testimony and worship of all of God's people, and of the past, and therefore as far more likely to plumb the depths of God's character and the nature of true worship than what someone has referred to as the "idiosyncratic voice of the present." [1]

The Church is Apostolic

And, in the third place, the church that understands itself to be catholic would emphasize both in its teaching and its practice the apostolicity of the church. A primary concern of the confessors during the time of the Reformation was to show that what they taught and confessed in their churches was "a genuinely Christian symbol,"[2] and nothing more nor less than that apostolic faith once given to the apostles and confessed by the church throughout all its ages.

What would such a church look like? Were we to understand the church as apostolic, we would be given a much sounder view of time and history and the past. We would recognize that God's concerns for His church extends not only over days and weeks and months, but over decades and centuries and millennia as well. We would know

---

[1] Mark Noll, "Ethnic, American, or Lutheran?" p. 28. See also Mark A. Noll, "The Lutheran Difference," *First Things*, 20 (February 1992): 37.

[2] SD, Rule and Norm, 4. German: *ein rein christlich Symbolum.*

something of the long view of history which would free us from what Mark Noll calls "the dreadful amnesia that cripples nearly all Christian faith in America," [3] and would steel us against the instability and innovation and ignorance which is characteristic of so much American religiosity.

Because we are apostolic, we Lutherans know something of the living tradition of the past, handed down by the fathers of the church, a "community of memory,"[4] you might say, which enables us to resist the American "lust for novelty"[5] and which stands as a sober witness against the follies of human short-sightedness and short memories. We know and respect those who have handled the Word before us and handed it on to us. The church that is apostolic is the church that is not just for our time or for our place, but that has solidarity with the church, with God's people, from all times and all places.

Conclusion

We will certainly continue to struggle with the larger question of difference for a long time to come, but we have the resources we need to discern the difference between what is theological and what is cultural. Even our Apostle's Creed helps us to see what unity must be maintained and what diversity may be allowed. One thing is for certain: it is time right now to change our attitude towards the people who come to us diversely. I say this not so much for the sake of the Hispanics, although they will benefit greatly from our wonderful, evangelical theology, but for the sake of the LCMS, which needs the gifts brought to the church by the Latino people and their culture. Here's what must change in our attitude towards the people whom we

---

[3] Mark Noll, "Ethnic, American, or Lutheran?" p. 29.

[4] Robert Bella, et al., *Habits of the Heart* (Berkeley: University of California Press, 1985): 152.

[5] Mark Noll, p. 28.

invite into our communion: We must view them in this way:

> Not as a problem to be overcome,
> Nor a challenge to be faced,
> Nor even an opportunity to be grasped.
> But rather as a blessing to be received from a gracious God
> Who has given them to us as a wonderful gift to be cherished
> And through whom we are greatly strengthened and blessed,
> Just as the variety of gifts with which God has endowed His people
> is a blessing to the church.

Questions from our past pointing us to our future:

Has the LCMS church culture, theology, practice, etc. affected our capacity to reach out to Hispanics?

Are there things in Latino culture that make Hispanics "incompatible" with the LCMS?

In reaching out to Latinos, how does what we as a church correspond with what we say we will do?

CONVENCIÓN NACIONAL HISPANA LUTERANA
HOTEL MARRIOT AIRPORT
Los Ángeles, California
2 de Agosto de 2003

ORADOR: DR. J.A.O. PREUS, III
"BAJO LA CRUZ DE CRISTO"
Reflexión a la ponencia del Dr. Justo González

El Dr. Preus comenzó su ponencia reflejando el tema de "Ayer, Hoy y Mañana bajo la Cruz de Cristo." Agradeció su participación en la Primera Convención Hispana Luterana sobre todo cuando no se considera a si mismo un experto en la materia, como él consideraba a los otros participantes en el programa.

Inmediatamente se dirigió de nuevo al tema de la Convención, y esta vez con un enfoque basado en Efesios 4:1-16, reflexionó parcialmente a la ponencia del Dr. Justo González en la que se había indicado la tendencia de la iglesia latinoamericana a ser ambigua en sus relaciones humanas. También se dirigió a varias inquietudes que el comité organizador le había señalado.

Su propósito principal en este breve estudio fue reflejar la naturaleza de la iglesia y la relación de ella a la pregunta de cómo puede la Iglesia Luterana-Sínodo de Missouri alcanzar a personas de diferentes orígenes étnicos alejados de las raíces germanas y escandinavas de esta iglesia. Destacó, que quizás el mayor reto que tiene el Sínodo de Missouri hoy en día, es distinguir cual es el balance correcto entre unidad y diversidad.

El Dr. Preus señaló que en el texto San Pablo habla de unidad y diversidad, pero que nuestra iglesia en el pasado no ha hecho un buen trabajo en mantener una buena relación entre ambos. Destacó que en el texto Pablo enfatiza la importancia y necesidad de tener unidad en la iglesia. Pero también nos habla de la diversidad de dones y llamados que por ende indican la diversidad que existe en la iglesia.

Seguidamente expresó que él siempre ha estimado la necesidad de desarrollar lo que llamó una "teología de diferencia", o sea enfocar a la diversidad afirmando la unidad ordenada en la Escritura, pero permitiendo o más aún regocijándose en esa diversidad que es también ordenada o por lo menos otorgada. Reconoció también que esto no es una cosa fácil de resolver, especialmente si analizamos la manera que hemos tratado las diferencias en la Iglesia Luterana-Sínodo de Missouri. Señaló que históricamente hemos demostrado la mentalidad ambigua de ser una cosa o la otra, o se es luterano (y anglosajón) o se es hispano (y ¿católico?). En otras palabras, queriendo decir que una persona no puede ser luterana e hispana a la vez.

Continuó su reflexión indicando que quizás nuestro esfuerzo en la Iglesia Luterana-Sínodo de Missouri para alcanzar a las diferentes culturas ha sido mediocre. Esto ha sido el resultado de no haber hecho una buena distinción entre la teología y la cultura.

El Dr. Preus entonces indicó que el pasaje en Efesios podría ayudar considerablemente a resolver esta tensión si unidos trabajamos a fin de desarrollar un mejor entendimiento de lo que es unidad y lo que es diversidad. La solución tendría la siguiente forma: la teología que proclamamos es una y las culturas a través de las cuales proclamamos esa teología son muchas.

Una vez más afirmó que la diversidad cultural es necesaria, y no en el sentido negativo de ser un "mal necesario", sino que esa teología única tiene que ser proclamada en diversos idiomas y culturas. Nuestra actitud como iglesia debe cambiar para no ver las cosas como uno u otro. Pero para poder ver las cosas claras, para poder ver que una persona puede ser hispana y luterana tenemos que aprender la diferencia entre la teología y la cultura. Distinguir lo que es teológico y no permite compromisos, y lo que es cultural y que debe reconocerse y celebrarse.

Finalmente destacó al finalizar su reflexión que muchas de las respuestas a las preguntas que nos hemos hecho acerca de las diferencias se pueden encontrar en la teología de la iglesia según se resume en el Credo Apostólico: "Creo en una santa iglesia cristiana y apostólica".

La primera es que la iglesia es una, como lo afirma Pablo en Efesios 4:4 "Hay un solo cuerpo y un solo Espíritu, así como fueron llamados a una sola esperanza...". La segunda es que la iglesia es católica o universal y esto significa que no está confinada geográficamente o a una nacionalidad específica. Una iglesia que es universal es una iglesia en la que sus formas de adoración y liturgia son también universales. Su liturgia debe de ser flexible, diversa y que refleje la variedad de culturas que existen en ella. En este punto el Dr. Preus también destacó que una iglesia con un sentido robusto de su universalidad siempre tratará a la liturgia histórica de la iglesia con gran respeto y reconocerá que ella trasciende las fronteras geográficas del mundo.

La tercera es que la iglesia que se reconoce como católica enfatizará en sus enseñanzas y su práctica la apostolicidad de esa iglesia. Una de las principales preocupaciones de los reformadores era demostrar que siempre enseñaron y confesaron en sus iglesias lo que eran "genuinos símbolos cristianos", o sea ni más ni menos la fe apostólica dada a los apóstoles y confesada por la iglesia a través de todas las edades. Al declararnos apostólicos, los luteranos recordamos la tradición que hemos recibido de los padres de la iglesia y esto no ayuda a resistir "el amor a toda novedad" que encontramos en los EEUU. Una iglesia apostólica es una iglesia que no es solamente para nuestros tiempos o nuestro lugar, pero que es solidaria con toda la iglesia, el pueblo de Dios en todos los tiempos y en todos los lugares.

Como conclusión destacó que nuestra iglesia necesita ver a los latinos que se integran a nuestra comunión no como un problema, reto o una oportunidad, sino como una bendición de nuestro Dios y a través de quienes somos fortalecidos y bendecidos. Esta, a propósito, es la misma manera en que la variedad de dones que Dios otorga a su pueblo es una bendición para la iglesia.

Resumen del Dr. Roberto González

National Hispanic Lutheran Convention
August 2, 2003
Marriot Airport Hotel
Los Angeles, CA

Bajo la cruz de Cristo... Hoy
Douglas R. Groll

Introducción

Quiero comenzar agradeciendo la invitación para dar esta presentación en esta Primera Convención Nacional Hispana Luterana. El hecho de que estemos aquí esta mañana es tributo al trabajo realizado por el Comité Permanente... y los planificadores del evento... pero es aún más. Es reflejo del trabajo de muchos cristianos luteranos a través de décadas, de líderes como Carlos Puig, Eduardo Llerena, Leopoldo Vigil, Herb Sims, Iggie Gruell, Bernie Pankow, David Stirdivant, Juan Berndt, Roberto González, y de laicos y laicas como Leticia Godoy, Lorain Floríndez, Susan González, y de santos que ya están con su Señor: Henry Salcido, Vernon Harley, Dr. Pedro Riveiro, Nelson Colón, Juan Rubio, Dennis Schieffelbein, Fred Pankow, Fred Boden, Enrique Carcas, Andrés Meléndez, y la lista pudiera extenderse. Siempre hacemos nuestro trabajo a la luz y bajo la influencia de quienes nos han adelantado. Estamos bajo una nube de testigos, que en muchos casos siguen dándose de sí mismos, y en otros casos, ya son santos en la presencia de Dios.

Me honran en invitarme para ser uno de los ponentes hoy debido a que estoy compartiendo tiempo con dos hombres sumamente destacados. Hemos oímos al Dr. Justo González. Ha compartido su sabiduría con nosotros. Espero poder contribuir algo más a sus reflexiones. Y, como probablemente ustedes ya han visto, me sigue otro distinguido hombre de Dios, el Dr. Gerard Kieschnick, nuestro Presidente. Sus primeros dos años como presidente no han sido fáciles. Ustedes recuerdan que fue instalado 3 días antes del 11 de septiembre del 2001. Probablemente su momento más alegre fue al recibir saludos de la niñita de Trini Castañeda en la capilla en Concordia Seminary en St. Louis. Aquel gesto sencillo debió haber sido un momento alegre. Tres días más tarde le fue presentada otra serie de desafíos. Ha respondido de una manera noble. Espero poder presentar algo de ayuda a su presentación.

Tenemos que tener bien en claro quienes somos si queremos ayudarnos el uno al otro. No se pudo escapar la identidad del Dr. González. Es latino, hispano, la voz preeminente de la erudición hispana en los Estados Unidos. Tampoco podrá escapar la identidad del Dr. Kieschnick. Es un líder anglosajón dentro de la Iglesia Luterana en este país. Pero en este momento ustedes están mirando a la persona más peligrosa en el programa: soy anglosajón, nieto y bisnieto de alemanes e ingleses, trabajé 37 años en la misión entre latinos y con latinos. Puedo entender y hablar español aunque no lo escribo muy bien. Considero a algunos de ustedes mis mejores amigos. Me han invitado a sus hogares a través de los años. Juntos hemos alabado a Dios, comido, reído, llorado, estudiado, y trabajado. **Sin embargo,** jamás en mi vida en los Estados Unidos me han negado servicio, la entrada en restaurantes o clubes debido a mi aspecto anglosajón. Nunca he tenido que mostrar una tarjeta de identificación que pruebe al funcionario del gobierno quién soy. Nunca me ha tratado mal un funcionario de la policía. Nunca me han acusado de algún crimen simplemente debido a mi cabello rubio y mis ojos azules. He mirado a los zapatos de los hispanos, pero nunca he podido caminar en ellos.

Siempre pienso en algo que escribió el Dr. Virgilio Elizondo, un teólogo católicorromano, hace alrededor de diez años. Específicamente, hablaba de la posibilidad de que alguien desde afuera trate de entender la religión popular latina, pero creo que lo que él nos dice se aplica a varias situaciones en las cuales alguien "desde afuera" trata de pretender entender otra cultura. Cito: **"Estoy convencido de que solamente se pueden entender los símbolos religiosos desde 'adentro' ...y no por mera observación ...aun del mejor observador, y el mejor preparado ...desde afuera. El tratar de entender los símbolos religiosos correctamente, lo que se llama la distancia objetiva del erudito occidental, es garantía de la falsificación y el error ...especialmente si no se ha logrado el diálogo con los creyentes mismos. Solamente por el ejercicio de escuchar pacientemente a través de un tiempo prolongado puede uno comenzar a entender el significado detrás de su práctica y ritos. No pueden ser juzgados por el criterio impuesto por otra cosmovisión y visión del mundo"**[1] Por lo tanto, entro a la tarea que me han dado con miedo. Quiero decir algo, pero tengo que abrir mis pensamientos ante las mentes escudriñadoras de ustedes. Por lo tanto, he decidido hablar hoy acerca de nuestros ministerios bajo cuatro renglones. Espero que en el transcurso de esta conversación ustedes tengan la oportunidad de probar la veracidad de mis conclusiones o metodología. En un sentido, estaré hablando desde dos perspectivas diferentes: desde "adentro" hablando de la iglesia anglosajona y a la iglesia anglosajona, y desde "afuera" al describir la iglesia hispana y a la iglesia hispana. Voy a hablar, por lo tanto, de cuatro temas:

    A. Una descripción de la iglesia anglosajona hoy.
    B. Una descripción la iglesia hispana hoy.
    C. Consejos a la iglesia anglosajona en cuanto al ministerio hispano.
    D. Direcciones en el ministerio hispano.

---

[1] Virgilio Elizondo, "Popular Religion as the Core of Cultural Identity Based on the Mexican American Experience in the United States" pp.113-132 en *An Enduring Flame Studies on Latino Popular Religiosity* (New York: The Graduate School and University Center of the City University of New York, 1994, Editores: Anthony M. Stevens-Arroyo y Ana Maria Diaz-Stevens), p. 114.

Voy a tocar el primer tema como uno desde "adentro." Soy anglosajón, por lo tanto, quizás puedo ayudarles a ustedes a describir la iglesia anglosajona. Estaré describiendo la iglesia latina como observador y como quien ha pasado un tiempo considerable en la lectura sobre el tema... siempre recordado a Elizondo... que al pretender dar un consejo a las comunidades hispanas y anglosajonas me doy cuenta de cierto riesgo en ofender a todo el mundo. No es mi intención.

Una descripción de la iglesia anglosajona de hoy

Si tuviéramos un mes pudiera contarles centenares de puntos importantes acerca de la vida e historia del Sínodo de Missouri. No tenemos tanto tiempo. Por lo tanto, tengo seis puntos básicos que quiero subrayar.

1. No hay una definición sencilla del luterano anglosajón de habla inglesa que, en una sola mirada, pueda dar una identidad a esa iglesia... desde afuera o desde adentro.

> Meredith McGuire escribe acerca de la religión popular hispana en An Enduring Flame, Studies On Latin Popular Religiosity. Afirma que es imposible describir la religión latina en los Estados Unidos... y que por lo tanto es necesario cuidar al extremo cuando se describe la comunidad latina.

> *Tenemos que huir de premisas sencillas acerca de la religiosidad latina... como, por ejemplo, que el latino se orienta alrededor de la familia. Tal generalidad hubiera tenido sentido hace 30 ó 40 años... la cultura de esta presente sociedad moderna no permite tal generalización.*[2]

---

[2] Meredith McGuire, "Linking Theory and Methodology for the Sudy of Latin Religiosity in the United States Context" pp. 192-203, en *An Enduring Flame*.....

Es igual al revés. El latino tiene que tener mucho cuidado en no simplificar su descripción del anglosajón.

La cultura anglosajona, dominante en nuestro país, está cambiando con una rapidez que aun desde adentro tenemos una crisis de identidad. La cultura dominante está cambiando tan rápidamente como los grupos inmigrantes, y a veces tenemos dificultad en aceptar nuestros propios cambios. Permítanme darles un ejemplo de cambio no esperado en una persona que debe ser ejemplo de cautela, en contra de la idea de que un pueblo no cambia, o que puede mantenerse con una sola imagen.

Mi abuela Sofía Groll llegó a Nueva York en el vapor *Bremerhaven* en 1895. En ese momento era una señorita de 16 años. Vino con el propósito de visitar a su hermano mayor. Como niño, me acuerdo de sus historias de señorita decente viajando sola en un barco, yendo a una tierra nueva. Viajaba con su Biblia, su himnario y su libro de sermones. Ella fue como un estereotipo de una devota luterana alemana. Sesenta años más tarde, sin embargo, después de la muerte de mi abuelo, la visité en su casa. Ella estaba mirando al equipo de football norteamericano de la Universidad del Estado de Ohio en su televisor blanco y negro. Le pregunté: "Abuela, ¿qué haces? ¡No sabes nada de football!" "Ya lo sé mi hijo", me contestó, "pero si me concentro más, ¡lo voy a entender!" De la misma manera, aprendió a gozar en ver la lucha libre los sábados por la noche. Una persona que la describiera en 1900 y otra vez en 1960 hubiera tenido que describir dos personas distintas. Ella misma probablemente no se hubiera reconocido a sí misma. No se mantuvo en una situación estática. Creció, y pasó con ella como con otros, y uno llega a la conclusión que no se puede caricaturizar a los inmigrantes con

---

p. 201.

frases simples como: "Los luteranos alemanes... o los suecos... o los latinos son así..." Otra vez quiero citar a McGuire acerca del inmigrante:

El modelo de identidades de individuos es tan selectivo que un inmigrante en la tercera generación puede dejar de manifestar ciertos elementos de su tradición étnica, a la vez que manifiesta tradiciones de otros grupos étnicos... unos modelos completamente nuevos, más modelos mixtos de otras fuentes... y combinar todos estos elementos en una identidad con sentido, que funciona aceptablemente en su vida.[3]

En resumen, nada queda en condición estática. No podemos tomar nada por sentado. Aun al pensar de la Iglesia Luterana de habla inglesa tenemos que dejar atrás una descripción que lo englobe todo. Uno no puede predecir cómo vamos a comportarnos. No es algo que solamente una persona puede observar desde lejos, sino, más bien, es algo que tenemos que decir acerca de nosotros mismos. Hemos cambiado los estilos de oración y adoración, aun hasta ciertas creencias. Éstos son algunos de los motivos de tanto conflicto entre hermanos y hermanas de la misma denominación, y a veces aun entre hermanos y hermanas de la misma familia sanguínea.

2. *El Sínodo de Missouri es consistente dentro de sus orígenes culturales y confesionales emergentes de la parte norte de Europa.*

A la vez que podemos decir que no estamos estáticos, que estamos constantemente cambiando, que es difícil definir nuestra propia identidad, y mucho menos permitir que otra persona nos

---
[3] McGuire, p. 202.

describa, puedo decir con confianza que aunque no puedo decir exactamente cómo estamos ahora, tengo una idea muy buena en cuanto adónde hemos estado. Por lo tanto, tenemos que reconocer que los luteranos anglosajones vinieron de la cultura y las filosofías de las últimas etapas de la Edad Media y la Ilustración. Como voy a subrayar en la segunda parte de esta presentación, esta realidad presenta un contraste radicalmente diferente de las culturas y los valores religiosos que han dominado América Latina durante los últimos quinientos años.

¿A qué me refiero cuando digo que el Sínodo de Missouri es consistente con sus orígenes confesionales y culturales del Norte de Europa? Observaciones: Aunque la inmigración de miles del Sínodo se llevó a cabo relativamente tarde, entre 1838 y 1914, y aunque nunca nos hemos identificado como una iglesia del "establecimiento" (establishment) como las iglesias de las colonias antes de la Revolución Americana, como, por ejemplo los luteranos de Manhattan, Delaware y Pensilvania; los congregacionalistas, los anabautistas puritanos, anglicanos o presbiterianos, sin embargo, por salir de una cultura alemana como parte de la cultura del establecimiento, es decir, la parte de la cultura de privilegio, hemos aceptado "nuestro lugar" de privilegio como parte de la cultura religiosa norteamericana. Pensamos como hijos de la Ilustración. Permítanme sugerir unas ilustraciones:

A. Aunque el contenido de sus confesiones era diferente, los varios grupos de reformadores, y la Iglesia Católica Romana de Europa, articulaban sus teologías con el mismo proceso de pensamiento: escribían confesiones, debatían usando palabras, pulían sus pensamientos por la articulación exacta de doctrinas. Usaban palabras, imprimían palabras, salían poco a poco de la idea de una iglesia mística, y construyeron una fe muy intelectual, algo sumamente cerebral. Lutero y Eck debatían con palabras. Lutero no desafió a Eck a ver quien podía pintar un óleo más fino o esculpir una escultura.

B. Trajeron esta misma mentalidad al Nuevo Mundo. Cuando los fundadores del Sínodo llegaron a esta tierra en 1838, fácilmente fueron asimilados en el contexto eclesiástico norteamericano. Sin ser protestantes, fueron identificados como protestantes. Aceptaron la separación de iglesia-estado como un hecho. (Como en los casos de muchos grupos inmigrantes, pensaban que siempre habría espacio libre hacia donde mudarse y establecer colonias, como en Perry County donde pudiesen practicar su religión con un alto grado de libertad como grupo homogéneo).

Parece que aceptaron la adquisición de riquezas y de prosperidad como señal de bendición y beneplácito de parte de Dios. Los miembros de nuestro Sínodo han florecido mucho en este país. Han ascendido la escalera de la prosperidad en poco más que un siglo. Thrivent Para Luteranos (una compañía financiera y de seguros) está orgullosa de manejar más de 57 billones de dólares.[4]

C. Parece que los miembros de nuestro Sínodo han aceptado la insistencia nacional en los derechos del individuo por encima del concepto más conservador del bienestar de la comunidad o de la familia por encima del individuo.

D. Parece que los luteranos, al llegar aquí, aceptaron, sin preguntar, el concepto del Destino Manifiesto, como parte de su futuro y de sus derechos. Aquí solamente hace falta echar

---

[4] The Chicago Tribune, Oct. 24, 2002. Anuncio pagado por *Thrivent Financial for Lutherans*. *The Tribune Company, Chicago, IL.*

un vistazo a la historia del comportamiento de los alemanes en Texas.

E. Debido a nuestra aceptación de los principios de separación de iglesia y estado, aceptamos lo inevitable de mover la expresión religiosa afuera de la centralidad pública, de los valores de la cultura, moviéndolos básicamente a lo que se puede considerar como aspecto "privado" de la vida. Nuestra expresión religiosa es lo que se hace "en privado". Por lo tanto, no se puede exigir fidelidad más que de uno mismo, y nunca de la sociedad.

3. *Nuestro entender de las expresiones de la fe cristiana latina o hispana se ha mediado a través de nuestro entendimiento del catolicismo de Europa del norte, y de los movimientos de la época de la Reforma, en vez de entender el catolicismo que surgió de España y el Mar Mediterráneo que dio a luz a la iglesia en América Latina en la trayectoria de mezclarse con las culturas indígenas religiosas.* En otras palabras, hemos tratado de entender el catolicismo latinoamericano con la misma metodología que hemos usado en nuestra confrontación con católicos alemanes, irlandeses o polacos.

El resultado de esta equivocación es asumir que podemos lograr evangelismo o mayordomía, o diálogo interdenominacional de la misma manera académica que podemos tratar a los europeos, con el enfoque en lo intelectual, con una base doctrinal bien articulada y expresada en la palabra escrita, cuando en realidad así no es como uno debiera haber entendido la iglesia latina, con sus enfoques en las fiestas, las procesiones y las celebraciones. Debo mencionarles en este momento que aun nuestros amigos de la Iglesia Católica Romana han hecho la misma equivocación. Otra vez quiero citar a Elizondo: *Esta realidad trae implicaciones importantísimas. En los Estados Unidos los sacramentos han sido el centro de la vida de la iglesia (Católica) mientras que en América Latina los sacramentales han ocupado la posición central. La palabra alfabética... el dogma... la doctrina... y los documentos papales, son más importantes en el catolicismo de los Estados Unidos, mientras que el rito y la devoción imagen-palabra han asumido una importancia central en el catolicismo mexicano. En los Estados Unidos la actividad religiosa se ha centrado en la parroquia, mientras que en Méjico se ha centrado en el hogar, el rito público del pueblo, y el relicario.*[5]

Samuel Silva-Gotay, erudito de la universidad de Puerto Rico, ha escrito extensamente acerca de las implicaciones religiosas de la Conquista de 1898. En uno de sus ensayos explica cómo aun la Iglesia Católica Romana de los Estados Unidos veía la Iglesia Romana de la Isla como algo deficiente: "*Las revistas de la Iglesia Católica de los Estados Unidos se unían con los protestantes en exigir la sangre de la cruel nación española. Preveía que el catolicismo oscuro de España iba a ser reemplazado por el catolicismo puro y verdadero de los Estados Unidos.*"[6] Hago mención de estas actitudes solamente con el fin de subrayar que el luterano anglosajón en los Estados Unidos tiene la tendencia de ver el catolicismo latino a través de los ojos del católico alemán, irlandés, o polaco.

4. Dios ha bendecido al Sínodo con ejemplos sobresalientes de la iglesia en misión a pesar de los valores norteamericanos tan individualistas. En un sentido, y a través de los años, los miembros del Sínodo han sido asimilados tan bien que han podido sembrar más de 6000 congregaciones, miles de escuelas,

---
[5]Elizondo, p. 120.
[6]Samuel Silva-Gotay, "The Ideological Dimensions of Popular Religiosity and Cultural Identity in Puerto Rico" pp. 133-169, en *An Enduring Flame*.....p. 147.

hospitales, orfanatos, y aun han sido artífices de la renovación urbana. Individuos empujados por fe, que se daban cuenta que no podían depender de un gobierno que favoreciera su religión, sino que permitiera la práctica privada en grupos privados, han invertido millones de horas de trabajo, y billones de dólares con el fin de apoyar el evangelio. Han logrado mucho, siempre desde el contexto de una fe privada dentro de un escenario privado. La Iglesia Luterana San Juan en Holgate, Ohio, la congregación en la que me crié, hace más de 60 años, ha apoyado la obra misional en las montañas de Nueva Guinea, mientras que la Iglesia Luterana San Pedro (ELCA), del mismo pueblo, ha apoyado la obra misional en la zona costera de Nueva Guinea. Se ha logrado mucho, pero siempre dentro de un escenario privado. La fe era individualista, a veces separatista, sin embargo, era fe, y Dios bendijo tales expresiones.

5. ***Los luteranos del Sínodo de Missouri han abrazado la religión popular norteamericana.*** Aquí entramos en un tema un poco problemático. Al aceptar la individualización o privatización de la expresión religiosa, hemos permitido o aceptado otras respuestas al tratar de formar una identidad nacional dentro de ciertas matrices casi religiosas. En muchos casos hemos convertido el patriotismo, repleto de bandera, música, rito y oración, en una religión. No hay duda que una nación tiene que tener sentido de unión en momentos de emergencia nacional. Sin embargo, desde la Guerra Civil de 1861-1865, se ha desarrollado un tipo de identidad religiosa y casi un tipo de Dios nacional. Se han estrechado los lazos entre oración, canción y política nacional y militar. Podemos reunirnos solamente alrededor de amenazas militares, y como luteranos a veces gozosamente hemos seguido tales expresiones nacionalistas. Ponemos banderas en nuestras iglesias. Observamos fiestas nacionales dentro de nuestras iglesias. Hemos sido asimilados a la conciencia folclórica

religiosa de la nación. Ahora, debemos tener esto en claro: no estamos hablando de una religión organizada. No hay un sumo sacerdote, aunque el Presidente a veces pueda jugar tal papel. En un sentido, es porque queremos que nuestros presidentes muestren moralidad personal, pero en muchos sentidos hemos aceptado este movimiento como movimiento laico, que surge desde la profundidad de una conciencia nacional no tan diferente que la de la Virgen de Guadalupe en la sociedad mexicana.

Gran parte del debate dentro del Sínodo estos últimos dos años acerca de la participación del Dr. Behnke en *La Oración para América* no estuvo centrado en el verdadero problema. Se hacía la pregunta acerca de la sabiduría de orar al Dios Trino en el contexto de un evento en el cual otras personas oraban a dioses falsos. Pudiera ser que esa pregunta fuera secundaria ante la preocupación de que todos aquellos grupos se habían sujetado a una cierta religión nacional, una conciencia colectiva de un dios de los Estados Unidos que nos bendice de una manera especial, con mucho poder. Aunque Septiembre 11 fue un desastre en términos de pérdida de vidas y edificios y de la economía, fue más importante en cuanto a su ataque en contra de las normas de nuestra sociedad. Los dos símbolos más importantes de los Estados Unidos fueron desafiados: el centro de finanzas, y el centro de nuestro poder militar. Los líderes sentían la necesidad de unir las voces y los corazones del país en oración a Dios, quizás no del Siervo Sufriente, del Dios de la cruz, sino más bien con el fin de asegurarnos que nuestro Dios, de tanto poder, todavía nos mira con beneplácito.

Hay otras religiones folclóricas a las cuales los miembros de nuestras congregaciones anglosajonas se han sujetado: football profesional, baseball, repletos de sus propios ritos. La Serie Mundial, Superbowl, comida, música, ritos y mucha bebida, siempre señales de religiones. No podemos negar que aún los miembros luteranos hemos abrazado estas religiones falsas. Hago mención de estas realidades debido a que están tan cerca que ni las vemos, y que pueden alejarnos de la misión verdadera de Jesucristo como el único Salvador, a quien decimos que queremos servir. Estas religiones falsas nos alejan de la vida de la mayoría de los pueblos del mundo y obran 100 % contra el evangelismo, cruzando culturas.

6. *En su gran mayoría, los miembros de Sínodo de Missouri, aunque sumamente generosos en sus deseos de dar ofrendas y socorro a nivel individual... especialmente en el sentido de que vivimos en una sociedad sumamente individualista, no tienen conocimiento o interés en la estructura socio-económica que provoca problemas colectivos a millones de hispanos en los Estados Unidos. No se dan cuenta que tal falta de interés es uno de los factores contribuyentes a la falta de éxito en nuestras tareas evangelísticas.*

Debido a nuestra aceptación sin crítica de tantos valores del materialismo del mundo nuestro, además de encarnaciones de religiones nacionales populares, no hemos tenido dificultad en justificarnos en abandonar las iglesias en las ciudades, por motivos económicos o racistas. Aun a veces hemos seguido apoyando intentos misionales con dinero, como individuos, e incluso como congregaciones. La distancia, sin embargo, nos ha separado como personas. Hemos estado contentos en aislarnos y, por supuesto, permanecimos casi ignorantes de las facetas de las otras culturas, y de los desafíos relacionados a la inmigración: viviendas, sistemas de salud, y explotación laboral del hispano. La mayoría de nuestros miembros no han hecho una conexión entre nuestra falta de éxito en la misión con el hispano, por un lado, con la realidad de su deseo de tener sus iglesias llenas con hispanos el domingo, y por el otro niegan, con sus estructuras de poder, la posibilidad de que los hispanos puedan ganarse la vida en forma aceptable y sana. Si no nos damos cuenta de esta contradicción, nuestro futuro seguirá siendo una marcha débil hacia la misión, con una forma todavía muy intelectual, académica, que no es afín a la realidad de nuestra gente.

Hasta aquí mi descripción de la Iglesia Sínodo de Missouri anglosajona. Espero haber dejado en claro ciertos puntos:
1. Una identidad no se aplica a todos, aun dentro de la comunidad anglosajona.
2. Somos una parte del proceso teológico y filosófico de los países del norte de Europa.
3. Hemos aceptado casi sin crítica las descripciones del catolicismo de América del Sur de parte de la Iglesia Católica Romana sin un estudio nuestro.
4. Hemos visto cómo Dios ha bendecido a nuestras iglesias aunque hemos puesto nuestro empeño en un estilo misional sumamente individualista.
5. Los luteranos de nuestro Sínodo han aceptado las religiones, o por lo menos los ritos nacionales, como una manera de probar ciudadanía y lealtad a un poder "más allá".
6. Debido a nuestro éxito en huir de los centros de poder y transición urbana, tenemos la tendencia de ser demasiado inocentes a lo que está pasando en la sociedad. Huímos del conflicto, y por lo tanto, de una gran mayoría de la gente del mundo.

II. Una descripción de la Iglesia Luterana Hispana

Durante estos minutos quiero tratar de describir a los cristianos hispanos y a los luteranos hispanos del Sínodo de Missouri como los veo hoy en día. Y... como ustedes bien saben, aquí mismo es donde puede uno caer en peligro. Voy a distanciarme, por lo tanto, de la perspectiva de la cual hablé en la primera parte. Al hablar de la Iglesia Luterana anglosajona desde el otro lado les hablé como "uno desde adentro". Me imagino que los pastores Eloy, o Roberto González, o Merlo, como personas desde adentro pudieran dar esta presentación desde la cual aquellos "desde adentro" estarían hablando. Voy a quedarme aquí, en vez de ir al sitio desde donde uno de ellos les hablaría, y a la vez, no voy a distanciarme tanto como si fuera hoy mi primer día de encuentro con ustedes. Me quedo aquí, no allí desde donde los "de adentro" hablan, pero tampoco tan lejos. Me quedo aquí, como observador desde afuera, en un sentido, pero también como un hermano en Cristo, y por lo tanto, en cierto sentido, desde adentro, por medio de Jesucristo, quien acerca las distancias. Otra vez, hay mucho por decir. Voy a limitarme a otros seis puntos principales.

1. *No hay una descripción sencilla de la iglesia hispana... adentro o afuera de la ILSM.*

Otra vez vuelvo a las mismas reflexiones hechas por Meredith McGuire acerca de la dificultad de describir cualquier grupo étnico o de limitar nuestro entender de aquel grupo a una sola imagen. *Como uno entiende su identidad religiosa o étnica es, por lo tanto, una proyección continua, más que una realidad que no cambia. Por lo tanto, su contenido probablemente será una variable a través de la vida de uno.*

Hay varias maneras por las cuales se puede expresar lo étnico, la clase social, el sexo, y la educación, o aun la edad.

Es contraproducente tomar una imagen estática de asimilación de parte de un grupo étnico y asumir que no va a cambiar, mientras los elementos de la cultura dominante que siguen moldeando la sociedad en términos generales no tienen la misma fuerza que tuvieron alguna vez.⁻

De la misma manera que en la primera parte de mi presentación traté de aconsejar en contra de la tentación de congelar una sola imagen del anglo-luterano, ahora tengo que aconsejarles a ustedes a describir su propia presencia dentro del Sínodo. Para lograr esto quiero recordarles lo que muchos de ustedes me dijeron: "Pastor, no somos hispanos, somos mexicanos, o cubanos, o puertorriqueños, cada uno con nuestra propia historia, por la que queremos ser identificados, o mejor todavía, respetados." Tuve que aprender tal realidad al regresar de Venezuela en 1978 y tener que darme cuenta que los niños puertorriqueños no podían cantar villancicos venezolanos o comer arepas. Me costó demasiados años comprender que a pesar de muchos acontecimientos sociales, culturales, económicos en los cuales históricamente hubo convivencia, no son el mismo pueblo. El anglosajón deseoso de entender diferencias religiosas entre grupos hispanos tiene que entender la diferencia tan radical de la cristiandad católica de la isla de Puerto Rico, antes de la invasión protestante de 1898, y los cambios después, y cómo esa realidad se contrasta con la presencia católicorromana en Texas y California, sin la protestantización forzada de Puerto Rico. Si yo tengo que estudiar tal historia para poder entender un pueblo, nuestra gente hispana, entonces ustedes también tienen que estudiar historia latina.

Quiero describir nuestra pequeña comunidad luterana hispana del Sínodo de Missouri simplemente porque es importante que ustedes entiendan la diversidad de nuestro grupo. Probablemente llegamos a alrededor de 10.000, y somos

---

[7]McGuire, p. 202.

extremadamente diversos. Sospecho que porque todos están unidos por el idioma de Cervantes, sería fácil dejar pasar las diferencias. Una de las bendiciones de mi trabajo estos últimos 16 años, ha sido tener la oportunidad de visitar grupos de luteranos hispanos desde el estado de Washington, el Valle de Yakima, a Homestead, Florida; desde San Diego a Búfalo. No hay una sola manera de describirlos a ustedes. En los deportes... y en los niveles de asimilación. Los de Miami viven o mueren con los Delfines. Los pastores Torres, Pérez, y su servidor, por muchos años en Cleveland, favorecíamos a los Cleveland Browns. El pastor Santana siempre hablaba de los Denver Broncos, y Dan Williams y Elías Martínez tenían a los Cowboys de Dallas como su punto de referencia. Tan diferentes y a la vez tan similares; asimilándose en la cultura, y sin embargo tan diferentes. Búfalo con puertorriqueños. Cleveland y Nueva York con dominicanos. Miami, todos los países. La frontera con México en Texas, mexicanos. Houston, centroamericanos. Todos diferentes con mucho en común. Quiero subrayar estas similitudes y diferencias simplemente porque son muy importantes en el ministerio.

Voy a cerrar esta sección con una ilustración que muestra cómo puede haber tanta similitud y a la vez tanta diferencia, no basada en la apariencia ni el idioma, sino, quizás aún más importante, en la actitud mental de la persona, en la idea o identidad de uno mismo acerca de dónde uno se ubica. Se trata del tema de la identidad. El autor Earl Shorris ha escrito acerca de los latinos en un libro con ese nombre. Él escribe de la importancia de tratar de entender a una persona desde el punto de vista de cómo esa persona se entiende a sí misma. Usa un ejemplo verídico de dos personas de Yucatán en México que viven en los Estados Unidos. Uno, David

Moquel, un maya, vino como inmigrante, tuvo que aprender inglés como segundo idioma. Se graduó de la Universidad de Harvard, y trabajó un verano como tutor de niños con problemas de aprendizaje. En tal trabajo, tuvo que citar a una madre de uno de sus estudiantes, una mujer mexicana-americana, nacida en los Estados Unidos, de aspecto maya, hija de mayas de Yucatán, que habló solamente en *inglés.* Uno hubiera pensado que ella manifestaría más características norteamericanas, o que no se hubiera identificado como mexicana. Sin embargo, al tener que recibir una crítica acerca de su hijo, le respondió a David Moquel: "You goddamed gringos, you make life impossible for us!"[8] (¡Malditos gringos, ustedes nos hacen la vida imposible!). Ella tenía una percepción de sí misma como alguien no conectada con su ambiente. Aunque nunca había vivido en México, ni habló el idioma, sin embargo su identidad, su auto identidad, era mexicana. Uso esta larga ilustración para enfatizar la diversidad de identidades en la comunidad hispana, y ciertamente, la diversidad que nosotros tenemos que entender en nuestras congregaciones y misiones hispanas.

2. *La Iglesia Luterana Hispana en los Estados Unidos todavía tiene sus raíces en la Iglesia Católica Romana española de la Conquista y su matrimonio con la cultura amerindia.*

De la misma manera que había dicho que no podemos darles una sola imagen que representa la Iglesia Luterana anglosajona el 4 de agosto, 2003, pero sí podemos darles una buena parte de la historia que la ha traído hasta el día de hoy, voy a repetir una declaración similar en cuanto a la descripción de la historia de los grupos hispanos luteranos en

---

[8]Shorris, Earl. *Latinos, A Biography of the People* (New York: Norton, 1992), p. 133.

los Estados Unidos. Aunque me doy cuenta que quizás no van a aceptar esta premisa, me atreveré a decir que aun cuando un hispano nunca ha entrado en una iglesia Católica Romana en América Latina, el impacto de la cultura católica impuesta en la Conquista ha sido tan fuerte que un análisis de todas las iglesias cristianas tiene que tomar esta realidad en consideración. Factores que me motivan a postular esta premisa son:

A. *El Catolicismo Romano de España era una experiencia total de la fe* sin el enfoque intelectual o académico del catolicismo de Europa del norte o los enfoques doctrinales articulados al estilo de los protestantes de Europa. El teólogo jesuita norteamericano Alan Figueroa Deck nos recuerda que pasaron casi 90 años de descubrimiento y conquista antes que se articularan las doctrinas del Concilio de Trento. La iglesia católica de América Latina es anterior a Trento, y ése es el enfoque aún hoy día. En su descripción elocuente del catolicismo español traído a las Américas, el teólogo Jaime Vidal afirma: *"Los cantos rituales, el uso del incienso, las penitencias, las peregrinaciones a lugares santos proveen una continuidad con las prácticas nativas religiosas en América Latina. ...Aún más importante que un ritual actual o la importancia dada a una en particular ...la cual pueda variarse de lugar en lugar... es la permanencia del sentido de rito en la religión de nuestro pueblo. Éste es un sentido hacia la importancia de la acción simbólica tradicional para la expresión de alegría y de dolor... en su intento de dar sentido a los eventos de la vida... de convertir caos en cosmos... la creación de la comunidad y apoyarla. El catolicismo se ve a sí mismo como repleto de una naturaleza social o comunal que* *permite a la persona aceptar o abrazar la VERDAD sin entenderla completamente en términos racionales.*[9]

B. Mientras que la experiencia de las iglesias de Europa y las colonias de los Estados Unidos exigían una expresión cada vez más "personal" o "privada", simplemente debido a que no podía existir una sola expresión pública de la fe en una sociedad privada, en una nación multi-denominacional, el **catolicismo romano hispano continuaba y sigue tratando de lograr un sentido de comunidad inclusiva.** Creo que he visto esta tendencia a través de los años. He visto, por ejemplo, que durante las oraciones en una iglesia anglosajona siempre se trata de proteger al individuo; uno nunca debe de decir demasiado sobre un problema, nunca debe uno orar por cosas pequeñas o demasiado personales. No es así con las oraciones en nuestras iglesias hispanas. Allí se incluye todo. Mientras que en una iglesia luterana anglosajona casi nunca se oye una oración a favor de la Sra. Smith por su hijo drogadicto encarcelado en la prisión federal, no es así en el contexto hispano. Aquí se incluye todo. Todo está allí para ser oído y visto. En las congregaciones no se separan las cosas sagradas de las cosas seculares. Toda la vida se incluye en la vida espiritual. El sentido de formar comunidad se lleva a cabo cuando la comunidad de fe exige la inclusividad de todos los problemas, personales, de comunidad, y aun de la nación.

Déjenme darles un ejemplo. Cada año se observa el Via Crucis el Viernes Santo en la ciudad de Chicago en el barrio de Pilsen. Es una de las procesiones más largas en

---

[9]Vidal, "Towards an Understanding of Synthesis in Iberian Hispanic American Popular Religiosity" pp. 69-95, en *An Enduring Flame....*p. 71.

los Estados Unidos. Este año el profesor Domínguez y su servidor nos unimos con miles y miles de mexicanos, mexicano-americanos, y caminamos las dos o tres millas. Me impresionaron los temas oídos en las estaciones de la cruz. Hubo peticiones pidiendo protección para los soldados en Irak, peticiones pidiendo el fin de la guerra de pandillas, y oraciones pidiendo el fin de la violencia contra las mujeres en el barrio.

Tambien hubo peticiones pidiendo ayuda para personas con problemas de inmigración. Esta procesión no fue solamente una conmemoración de algo que pasó en el pasado, la crucifixión de Jesucristo en el Gólgota. No, a la vez que se hacía, estábamos participando en el proceso de crear la comunidad en aquel momento.

C. **Cualquier intento para definir nuestra identidad luterana hispana tiene que considerar la pregunta de la religión popular** hispana precisamente porque nuestras congregaciones tienen que dirigirse a las diferentes manifestaciones de devociones a María, la naturaleza pública de los ritos hispanos, y la realidad de la expresión, o por lo menos un aspecto de lo espiritual en artes de sanidad. En nuestros ministerios teológicos tenemos que estudiar mucho más a fondo tres manifestaciones principales de la religión hispana popular en los Estados Unidos: la adoración de la Virgen, el Via Crucis de la Semana Santa, y el Día de los Muertos. Menciono estas tres manifestaciones porque creo que en la mayoría de nuestros ministerios simplemente las ignoramos, o las vemos como algo folclórico o turístico, o en el peor de los casos, como algo pagano.

Tenemos que considerar esta pregunta: "¿Hay algo más detrás de estas prácticas que lo que la mentalidad anglosajona nos ha enseñado a rechazar?" Si la comunidad luterana anglosajona tiene que luchar o tratar de articular su teología relacionada a los demonios de una religión nacional militarista, ¿no hay un lugar para que nuestra comunidad hispana pueda considerar, o dialogar el uno con el otro acerca del significado de la resurrección de los débiles, un significado del Día de los Muertos... la afirmación de la dignidad humana en ciertas afirmaciones teológicas al pensar en la Virgen de Guadalupe? Hablaré más de estas preguntas en las próximas dos partes.

3. *Los luteranos hispanos han aceptado las características del protestantismo de Europa y del catolicismo del norte como conclusiones verídicas de su herencia católica-cultural, vistas a través de los lentes del Sínodo de Missouri sin investigación propia.*

Un amigo mío (anglosajón), pastor, sirvió muchos años en Arizona. A él le encanta la comida mexicana, a tal extremo, que de vez en cuando iba a México para pasar el día probando restaurantes. Su hijo trabajaba como gerente de un restaurant *Chi Chi's* en el norte. En una de nuestras conversaciones recuerdo que mi amigo le dijo a su hijo: "Pero Pablo, ¡*Chi Chi's* nos es comida mexicana verdadera!" Su hijo le contestó: "Papá, nosotros compramos los ingredientes, preparamos la comida, pintamos los restaurantes, imprimimos los menús, establecimos el ambiente. La llamamos comida mexicana. Decimos lo que es y la gente nos cree." Lo que dijo Pablo es una analogía de lo que pasa muchas veces en nuestro estudio de la teología.

En un sentido, ustedes han sido estudiantes demasiado buenos, han aceptado lo que nosotros, profesores anglosajones, hemos dicho, y han visto la teología a través de nuestros ojos. Los hemos convencido a ustedes acerca de lo que ustedes deben pensar acerca de sí mismos, sin su propia investigación. Hemos dicho teológicamente si la salsa debe ser picante o no en vez de oír de ustedes mismos si de veras el Pico de Gallo debe contener más cilantro o cebolla. Ahora, al decir esto no pretendo decir que todas las observaciones teológicas anglo-europeas sean falsas, o que lo que ustedes dicen como latinos es correcto. A lo que me refiero es que tenemos que poner a prueba lo que los anglosajones dicen que es importante. Quiero darles un ejemplo concreto. En la observación popular anglo-luterana acerca de la observación del Día de los Muertos, de parte de los mexicanos o mexicano-americanos, hay una observación que reza así: *Vea como los mexicanos observan el día de los muertos. Vea como están obsesionados con la muerte... no saben que Cristo ha resucitado."* Escuchen ahora una observación de Viriglio Elizondo en cuanto a este mismo tema:

> *Las personas que nos conocen desde afuera dicen que estamos fascinados con el sufrimiento y la muerte, y que queremos ignorar el gozo de la resurrección. Nada está mas lejos de la verdad. La gente no nos conoce. Nuestros pueblos aceptan los rigores del sufrimiento y la muerte debido a que ya participamos en el principio de la resurrección. Pero en ningún otro momento celebramos la comunión de los santos vivos más que en el Día de los Muertos... el día, en efecto, es el día de los vivientes, el día de los*

que han desafiado la muerte y están más vivos que nunca. Por lo tanto, lo que se celebra en el día de los muertos es en efecto la celebración de la vida indestructible, una vida que ni aun la muerte puede destruir. La sociedad nos quita nuestros terrenos, puede marginarnos, y aun matarnos. No puede destruirnos. Seguimos viviendo en las generaciones que están por venir, y en ellas las generaciones previas siguen viviendo.[10]

Al citar a Elizondo no pretendo endosar su teología de la resurrección. Honestamente no se cuál es su punto de vista en cuanto a una resurrección física, especialmente a la luz de su falta de un Cristo resucitado en las dos páginas de las cuales tomé la cita. Lo que quiero subrayar aquí, sin embargo, es que nuestros hispanos luteranos no pueden seguir mirando a la teología solamente a través de los ojos de los anglosajones. Tenemos que escuchar cuidadosamente lo que esté surgiendo de las expresiones de la teología hispana escrita, cantada, pintada. Tenemos que averiguar dónde y cómo, y bajo cuales condiciones podemos estar de acuerdo o en contra de otras comunidades cristianas a base de **nuestra lectura** de las Escrituras y doctrinas confesionales, en vez de dejar que la comunidad anglosajona nos diga lo que debemos escuchar. Supongo que este ejercicio se logrará más a nivel local que a nivel denominacional.

4. *Los hispanos en iglesias luteranas hispanas en los Estados Unidos están viviendo silenciosamente en forma vulnerable con relación al poder dominante anglosajón en la*

---

[10]Elizondo, Ibid, p. 127.

economía, la política, y el orden social.

Hace pocos meses el pastor Cristiano Artigas y su servidor planificamos un fin de semana para nuestro nivel pre-seminario en Phoenix. Habíamos planificado mi llegada el viernes para tener clases el viernes por la noche y el sábado, y cultos en dos o tres sitios el domingo. En la mañana del lunes anterior recibí una llamada de Cristiano avisándome que yo no fuera, ya que la mayoría de mi clase había sido apresada por la MIGRA en un lavadero de carros donde trabajaban, y que ya estaban en México. Después de unas semanas, y un poco en broma, hice esta pregunta en el seminario de San Luis: ¿Cuándo fue la última vez que la Migra entró al recinto del seminario? Ustedes entienden lo que estoy diciendo. Hay una diferencia grandísima entre las culturas y los ambientes de nuestras iglesias luteranas hispanas y las anglosajonas, y todavía nos hace falta una articulación de esa diferencia, sea del lado anglosajón o del lado hispano.

Muchos de ustedes trabajan en situaciones casi imposibles, en las cuales, directa o indirectamente, son dependientes de una congregación o distrito local que simplemente no entiende la realidad económica o política que hay en juego por estar sin documentos, o trabajando muchas horas por menos que el pago mínimo, o tratando de criar niños sin seguros de medicina, o sin acceso a una educación adecuada. Considero que estas realidades se sufren en silencio. Por motivos que no entiendo, por respeto, o miedo, o por sabiduría mucho más que la mía, o por amor legítimo hacia los miles de luteranos que han ofrendado mucho para establecer misiones hispanas, ha habido una reticencia de parte de nuestros pastores hispanos a hablar proféticamente a la iglesia anglosajona, y con miedo de decir: "Al crecer juntos en Cristo tenemos que comenzar a hablar honestamente de lo que significa la santificación en asuntos en los cuales hay explotación de hispanos en las industrias de servicio, restaurantes, escuelas, hospitales y el mantenimiento de oficinas. La explotación de hispanos en las fuerzas armadas donde el porcentaje de hispanos excede su número demográfico ejecuta la política extranjera de los Estados Unidos. Ha llegado el momento de que los luteranos hispanos comiencen a dirigirse a sus hermanos anglosajones con estas preguntas. Muchos de ellos están en sitios en los cuales pueden comenzar a hacer una diferencia.

Hay otras observaciones que uno pudiera hacer. He escogido éstas solamente como principio de mi descripción de los luteranos hispanos del Sínodo de Missouri. Otra vez un resumen:

1. No hay una descripción simple de la iglesia hispana.
2. Aun los luteranos hispanos tienen raíces culturales en la teología y la cultura de la conquista católica hispana.
3. Parece que los hispanos aceptan las evaluaciones teológicas de su cultura de parte de las iglesias del norte.
4. Los luteranos hispanos viven silenciosamente una vida vulnerable con relación a la cultura dominante anglosajona.

III. Voces hispanas hablan a la iglesia anglosajona

Hasta ahora he hablado como observador. Regreso al lado "de adentro". He hecho observaciones de la iglesia anglosajona del Sínodo de Missouri y también acerca del hispano dentro del contexto luterano. Ahora quiero hacer unas reflexiones un poco más prácticas, unas palabras de consejo, tanto a la iglesia anglosajona como a mis hermanos hispanos. Espero tener más oportunidades para hablar de estos temas. Espero que me desafíen. Voy a desarrollar mi presentación alrededor de palabras o frases claves: **celebrar, escuchar, medir el costo, prepararse para recibir bendiciones.**

Celebrar

Tenemos que celebrar el evangelio como luteranos. Uno piensa que no tenemos que recordarles a los luteranos a practicar tal cosa. La realidad, sin embargo, es que la iglesia luterana hispana espera ver en la iglesia luterana anglosajona modelos de cómo ser luteranos en este país, y en muchas ocasiones puede ver de todo, menos un testimonio del evangelio en un contexto luterano, especialmente en la adoración. Debido a que los hispanos luteranos quieren expresar su fe de acuerdo con las Confesiones Luteranas y con otros luteranos, es justo, recto y saludable que comencemos de nuevo a ver cómo las Confesiones definen la adoración dentro de la iglesia.

Se enseña también que habrá de existir y permanecer para siempre una santa iglesia cristiana, que es la asamblea de todos los creyentes, entre los cuales se predica genuinamente el evangelio y se administran los santos sacramentos de acuerdo con el evangelio. Artículo VII (Confesión de Augsburgo).

¡Buenas Nuevas predicadas! ¡Lavados en el bautismo de nuestro Señor! ¡Alimentados por su cuerpo y sangre! Al fin y al cabo nos definimos a nosotros mismos dentro de la comunidad cristiana al grado que estos medios de gracia son administrados a nosotros en la celebración eucarística. En una pequeña obra publicada por la Federación Luterana Mundial intitulada *La Relación Entre Culto Y*

Cultura autores luteranos de todas partes del mundo trataron de describir lo básico a la existencia e identidad de la iglesia cristiana. Concluyeron que cuando uno comienza con la iglesia antigua del segundo siglo, digamos con Justino, y sigue estudiando por lo menos hasta la Reforma, uno tiene que tener lo que en latín se dice *orde*, el orden de la eucaristía... la cual se constituye por: 1. La acción de congregarse. 2. La Palabra, leída y predicada. 3. La comida. 4. La comisión de ir al mundo. Parece que estos elementos están presentes en la trayectoria de la liturgia.[11]

Tenemos que recordar que dentro de la liturgia siempre hay tensiones:

La adoración tiene que ser:

transcultural... se extiende a todas las culturas
contextual... que habla a comunidades específicas
contra-cultura...que da testimonio profético contra de los pecados dentro del contexto cultural

Ciertamente estas tensiones se encuentran en nuestras liturgias. Sin embargo, tienen que estar presentes la Palabra y los sacramentos, unidos por *orde*. Se puede vislumbrar mucha amplitud para la música, la palabra, la arquitectura, y las formas. Sin embargo, los elementos que respetan las tensiones tienen que estar presentes.

¿Por qué menciono estas tensiones? No sé cuántas veces pastores luteranos hispanos me han preguntado: *"¿Pastor, por qué tantas congregaciones luteranas tratan de ser bautistas o pentecostales? Nos convertimos en luteranos porque queríamos algo más sustancioso, ¡y nuestras congregaciones anglosajonas parecen estar determinadas a no ser lo que son!"* Hace unos años visité una de las

---

[11] Federación Luterana Mundial, *La Relación entre Culto y Cultura* Ginebra, Suiza, 2000. Anita Stauffer, Editora. Ernesto Weigandt, Versión Castellana.

congregaciones de habla inglesa que apoya nuestra obra hispana en un distrito. La visité el domingo después de Resurrección. No estaba la palabra luterano en las primeras tres páginas del boletín. No hubo liturgia, ni vestidura litúrgica, ni confesión de pecados, ni credo, ni mención de la Santa Cena. El Padrenuestro era un tipo de paráfrasis. Me fui después de la primera hora. Le dije al ujier que no me sentía bien. Lo que yo experimenté no es motivo para desarrollar una teología de adoración como una reacción a lo que vi y oí. Sin embargo, las iglesias luteranas de habla inglesa no pueden esperar una iglesia luterana hispana con sentido de identidad luterana cuando las iglesias madres modelos anglosajonas no saben dónde están ni quiénes son.

La buena predicación no es inglesa, ni alemana, ni hispana. Es cristiana. El bautizar con la Palabra y con agua ni es inglés, ni alemán, ni hispano. Es cristiano. El celebrar la Santa Cena de una manera recta con los santos de todos los siglos no es inglés, ni alemán, ni hispano. Es cristiano.

La iglesia anglosajona tiene que escuchar

A veces, al pensar en la actividad de escuchar, puede haber la tentación de creer que escuchar es una actividad muy pasiva, que poco se logra al escuchar, que no es muy útil, que es mejor hablar. Sin embargo, esto no puede estar más lejos de la verdad. En el Salmo 46 oímos: *Estad quietos y conoced que yo soy Dios.* Estamos escuchando palabras revolucionarias. En ese momento de silencio, en el momento de esperar, el hijo de Dios está permitido convertirse en una persona secundaria a otra realidad, convertirse en receptor en vez de ser la fuente, el poder, el origen. Hay voces que surgen de las comunidades hispanas cristianas que debieran ser escuchadas por las iglesias anglosajonas.

Escuchen nuestra historia

Previamente había mencionado la necesidad de ser mucho más sensible a las historias peculiares de cada pueblo latino en los Estados Unidos. Menciono aquí solamente por un momento la importancia en echar un vistazo a las diferencias de relaciones en los Estados Unidos vistas desde puntos de vista cubano, mexicano o puertorriqueño. Se puede pensar que tal observación es innecesaria. La realidad, sin embargo, es que el sistema educativo de los Estados Unidos tiende a concentrarse en consideraciones Este-Oeste y no Norte-Sur. No quiero hablar más de esta realidad hoy, solamente anotar lo más obvio.

Lo que más quiero notar es llamar al anglosajón a escuchar la historia, no en términos de una nación o de otra, sino más bien a las realidades comunes en toda América Latina que son imprescindibles para entender la historia. Estos elementos comunes conllevan ciertos temas:

América Latina tiene en común la realidad de haber sido el marco de un evangelismo violento. Un amigo mío enseña clases de Nuevo Testamento en una de las universidades del Sínodo. En un estudio bíblico con universitarios en la temporada de Adviento una señorita de El Salvador se acercó después de la clase y le dijo: "*Profesor, me identifico mucho más con la historia del nacimiento de Jesús según el Evangelio de San Mateo que con la de San Lucas. Mi pueblo fue atacado por los escuadrones de la muerte de noche. Me acuerdo ver a mis primos y tíos siendo llevados por la noche para no regresar más. La matanza de los santos inocentes me habla a mí.* La historia según San Lucas es demasiada pasiva, quieta. Invasión, ultraje, abuso, la aceptación de una fe por la fuerza ha dejado su huella en toda América Latina. No fue un evangelismo pacífico de la Ilustración y de debate de parte de profesores en las universidades.

Este debate fue por la fuerza de la espada. En América Latina la naturaleza del evangelismo no permitió una separación de lo sagrado y lo secular. Esto fue algo que tuvo mucho éxito en el nuevo país democrático, donde se permitía que la vida religiosa fuese más privada, más removida del ojo público (como en las colonias del norte). La Conquista fue inclusiva, reclamó el cuerpo, la mente, el alma, el gobierno, la sociedad y el arte. No se separaron las áreas de la vida. La historia de América Latina impregna todas las áreas de la vida.[12]

Es tan diferente de la experiencia anglosajona, en la cual cuidadosamente hemos encontrado maneras de separar casi todos los aspectos de nuestras vidas: la religión y la política, la iglesia y el estado, lo sagrado y lo secular. Por lo menos, queremos pretender que es así.

Escuchar las necesidades hispanas

Quiero subrayar la importancia de esta declaración a la luz de las primeras dos partes de la presentación. Regreso aquí a mi descripción de los cristianos luteranos hispanos como participantes quietos en las áreas más vulnerables de la vida. Vuelvo a llamar a la iglesia anglosajona a escuchar las necesidades de los hispanos con relación a la necesidad de reformar las leyes de inmigración, protección de un sueldo mínimo, educación adecuada, y servicios de salud, ya que estos inmigrantes son legales y pagan impuestos y seguros sociales.

Hace unos años unos de nuestros seminaristas fueron invitados a pasar un fin de semana en uno de los estados céntricos de la

---

[12] Un estudio excelente de la naturaleza violenta de La Conquista existe en dos idiomas. *Evangelización y Violencia....y Conquista de América,* Luis Rivera-Pagán, Editorial CEMI, 1991. *A Violent Evangelism*, Luis Rivera, (Kentucky: Westminster/John Knox Press, 1992).

agroindustria con el fin de ver las posibilidades de establecer una misión hispana. Dos acontecimientos me impresionaron mucho. El primero fue que todos los estudiantes corroboraban que todos sus compañeros tuviesen sus documentos en orden por si aparecía la Migra. El segundo acontecimiento fue que cuando nuestros estudiantes le preguntaron a los obreros mexicanos cómo podían ayudarles, su respuesta fue: *"Ayúdenos a organizarnos en un sindicato para proteger nuestros derechos como obreros. Hemos trabajado aquí tres, cuatro, o cinco años sin aumento de sueldo, sin protección."* El problema se complicó porque los miembros de la congregación anfitriona formaban parte de la gerencia de la planta. He aquí una desconexión radical. Escuchar las necesidades del hispano tiene que ir mucho más lejos del simple "tengo hambre, tráigame un pavo para la Navidad". Tiene que ver con los asuntos básicos de la justicia y los derechos humanos, y el llamado de los vulnerables, para que las iglesias norteamericanas estén listas a escuchar. Tenemos que escuchar o nuestro evangelismo será totalmente vacío.

Surgen ciertas implicaciones para la iglesia anglosajona:

1. Uno observa el sentido de entrega a la fe en nuestros miembros hispanos luteranos, lo que raras veces se ve en nuestros miembros anglosajones. En los hispanos hay una entrega total, diferente a la comunidad anglosajona, donde, por vivir la fe en forma intelectual, no se exige ni es posible una entrega así. Mi punto de referencia aquí son nuestros estudiantes, no siempre los mejores en términos de preparación académica, pero con una entrega total a la causa de la fe.

2. Cualquier intento de misión de parte de la iglesia anglosajona tiene que asumir que el hispano va a esperar que la

proclamación luterana toque todos los aspectos de la vida. Escuchar la historia hispana nos debe de llevar a ver la evangelización como algo total. Esto significa, por lo tanto, que nuestros intentos misionales no pueden satisfacerse con compartir el templo una hora por semana solamente, sin posibilidad de usar la cocina o de reunirse por muchas horas. No puede limitarse a preocuparse en si el grupo hispano va a usar el santuario. Al escuchar la historia hispana, con el fin de lograr la misión, se tienen que oír los gritos de sufrimiento como resultado de un evangelismo violento. Aun hoy en día los hispanos tienen que someterse al abuso de sus derechos humanos, a veces por cristianos sinceros, pietistas e individualistas, que no ven la conexión entre las estructuras sociales y económicas que oprimen, y la proclamación del evangelio. El escuchar la historia hispana tiene que incluir el oír los gritos de alabanza y de alegría por las bendiciones de Dios en todos los aspectos de su vida, cultural, económico, y político. Hablaremos más de esto en la próxima sección.

Medir el costo

Cuando nuestro Señor enseñaba a sus discípulos acerca del costo del discipulado, o exhortó al joven rico a una entrega total, él estaba simplemente subrayando lo que todos nosotros sabemos está en el corazón de cualquier movimiento vibrante. Medir el costo tiene que estar en el fondo de la participación denominacional si ésta quiere extender su misión a la comunidad hispana. Quiero sugerir tres áreas de consideración estratégica que tienen que ser estudiadas y medidas si vamos a responder al desafío de la misión hispana... y no voy a comenzar con dinero.

Medir el costo en el ambiente teológico

Nuestra denominación tiene más de cien años afirmando (con cierto orgullo) que sabe articular la teología histórica confesional luterana. Le da a uno una cierta medida de seguridad poder decir: "¡Somos luteranos ortodoxos!", especialmente cuando hemos vivido cómodamente dentro de nuestro sistema de teología, y cuando el evangelismo y el sembrar iglesias luce como un desafío relativamente sin riesgo, y especialmente si tenemos la idea de que por hacer toquecitos a la teología... una traducción diferente aquí... o una estrofa diferente por allá... Al fin y al cabo todo queda relativamente igual que antes. Ese ejercicio de hacer toquecitos no es "medir el costo" de articular o reformular la teología. Si de veras queremos "medir el costo" del hacer la misión a las comunidades hispanas, tenemos que estar dispuestos a permitir que ciertas "áreas de seguridad" dentro de nuestra mentalidad teológica sean desafiadas.

Tenemos que comenzar por preguntarnos si hay otras maneras de pensar diferentes a nuestra articulación de doctrinas tan nórdico-europeas. ¿Estamos dispuestos a considerar que Cristo fue confesado en las Américas antes de la llegada de los primeros colonizadores luteranos? ¿Qué Cristo fue adorado en las Américas de los siglos 16, 17, 18, y 19? ¿Estamos dispuestos a sentarnos en el ámbito local en Chicago, El Paso, Los Ángeles y Miami con el fin de oír con nuestros propios oídos lo que ellos piensan cuando hablan de la Virgen, o de la resurrección? ¿Qué partes de la religión folclórica hispana tenemos que rechazar, y qué partes podemos aceptar, y aun salir bendecidos? ¿Cómo podemos unirnos con teólogos católicos romanos o protestantes para dar palabras de cautela acerca de los excesos de la religión popular? ¿Es posible que el Sínodo de Missouri pueda ser influido teológicamente por la teología e historia hispana? Si nuestra denominación dice que no puede cambiar para alcanzar a otros grupos no está lista a pagar el precio, no ha medido el costo.

¿Estamos dispuestos a pagar el precio en nuestras estructuras? El ministerio con los hispanos en la cultura de los Estados Unidos hoy en día ciertamente puede llevarse a cabo en niveles diferentes a nivel local, por ejemplo en establecer nuevas congregaciones. Ciertamente, ciertas oportunidades pueden recibir contestación en el ámbito del distrito. No debemos disminuir la importancia de la colaboración de los cristianos a nivel local. Sin embargo, hay ciertos aspectos del ministerio que solamente puede lograrse a nivel denominacional, o por lo menos la denominación como entidad jurídica tiene que mostrar el liderazgo. En los últimos veinte años ha habido una cierta descentralización de la misión, en muchos casos debido a que todo el dinero para establecer misiones fue recaudado o administrado a nivel local, o por lo menos administrado a nivel local, aunque se usaban fondos de Lutheran Brotherhood o Aid Association for Lutherans. Se ha logrado mucho usando esta práctica descentralizada. A pesar de tales logros a nivel local o nivel de distrito, en un sentido nada ha cambiado estructuralmente. No se ha oído la voz del Sínodo, como Sínodo, acerca de la necesidad de reformar las leyes de inmigración, el sueldo mínimo para los obreros en la agricultura, la educación bilingüe. Las estadísticas más recientes muestran que la mayoría de los niños en nuestras ciudades más grandes son hispanos. Parece que como Sínodo no tenemos una manera de proclamar la ley en contra de los pecados estructurales que obran en contra del bienestar de las personas a quienes decimos que queremos evangelizar. Si queremos proclamar la Ley y el Evangelio como una seña de la proclamación luterana, esa Ley tiene que proclamarse de tal manera que la sociedad opresora proclame: "Dios, ten misericordia de nosotros!" Hay situaciones a las cuales la iglesia como denominación tiene que hablar. Tal proclamación, ¿ocasionaría cambios de estructura? ¿En cuáles formas?

1. Tenemos que insistir para que haya una presencia visual de personas de diferente origen étnico en nuestras oficinas de distritos y denominaciones. Nuestras oficinas deben reflejar proporcionalmente nuestras metas, no la realidad del presente.

2. Nuestro Sínodo debe reconsiderar el papel del Departamento de Ministerios de Cuidado (Human Care) para que refleje más temas de abogacía, de derechos humanos y derechos civiles, como en socorro ante desastres. Ciertamente tal cambio de estrategia teológica traería cambios estructurales.

Estas dos sugerencias sí involucrarían el medir el costo. En esencia, la iglesia anglosajona diría: "De veras queremos hacer ministerio con los oprimidos y marginados y nos damos cuenta que tenemos que pagar el precio, y no ser tan dóciles en el mundo tan deshumanizado.

Midan el costo en dólares

Sin duda, nuestro Sínodo tiene miles de luteranos generosos que apoyan la obra de extender el evangelio. Especialmente en el ámbito local, donde la gente puede ver las necesidades de sus vecindarios, se puede afirmar que la gente está midiendo el costo. Mi observación, sin embargo, es que grupos locales tienen dificultades en mantener apoyo a un nivel adecuado por más que 5 ó 7 años, cuando en realidad muchos proyectos en el ministerio transcultural requieren inversiones por décadas o por generaciones. Los pastores locales van y vienen, los comités de misiones van y vienen, y se forman nuevos grupos. El interés local sube y baja.

Los grupos locales a veces esperan ver el éxito demasiado temprano. Medir el costo de la misión tiene que ser una conversación seria en el ámbito local y distrital antes de comenzar una inversión de fondos a largo plazo. Esto nos lleva a considerar el apoyo al nivel de distrito o denominacional. Ciertamente, el distrito o sínodo, no debe de hacer lo que se pueda lograr en el ámbito local. Sin embargo, en la planificación a largo plazo tiene que haber un entendimiento de la presencia del distrito o del sínodo aún antes de comenzar el proyecto. El Sínodo a escala nacional tiene que darse cuenta que no puede entregar su responsabilidad a los distritos o circuitos o niveles locales. Por ejemplo, como Sínodo no estamos invirtiendo ni un centavo en la educación teológica de obreros, pastores, o diaconisas. Como Sínodo no estamos invirtiendo dinero en publicaciones, o materiales para escuela dominical. Medir el costo significa reconocer que a los niveles del Sínodo o Distrito el futuro de la presencia luterana en muchas ciudades depende de evangelizar y ser evangelizado, cambiar a los hispanos y ser cambiados por ellos en el nombre del evangelio. Un reajuste en el aporte de finanzas tiene que llevarse a cabo.

Prepárense para recibir bendiciones

El filósofo Tomás Moro vivió casi al mismo tiempo que Lutero, 1478-1535. Escribió un libro titulado *Utopía*. Moro, por medio de este libro, pudo inculcar en las mentes de los europeos de aquella época la posibilidad de un mundo mejor, de progreso hacia el futuro. Fue, en un sentido, el fin lógico del Humanismo tan dominante en Europa. Uno de los resultados de esa utopía fue el entender la explotación de las Américas como el cumplimiento de la Utopía. Cuando los conquistadores hablaban del nuevo mundo, ellos verdaderamente veían las Américas como un mundo nuevo. Vieron la gente indígena desnuda y concluyeron que habían descubierto un nuevo jardín del Edén. Habían descubierto un nuevo paraíso, un nuevo mundo, un pueblo nuevo, una oportunidad para comenzar de nuevo, una vida nueva emergiendo de Europa tan vieja, tan cansada. Muchos autores de aquel entonces, aún los conquistadores mismos, escribieron entusiastas descripciones sobre sus descubrimientos. El indio se convirtió en salvaje noble, sin pecado, Adán y Eva de nuevo en el Huerto. La historia nos muestra que la conquista no fue ni la utopía esperada por los europeos, ni que trajo tantas bendiciones a los indígenas, no tan inocentes.

Hago mención de este acontecimiento histórico para atemperar cualquiera profecía demasiado optimista en esperar una cosecha de bendiciones como resultado de cualquier obra misional realizada hacia y con hispanos. Uno no puede esperar una utopía de misión al embarcarse en una obra con hispanos. Ciertamente, uno no puede esperar que los nuevos inmigrantes vayan a salvar a nuestras congregaciones urbanas anglosajonas, viejas, cansadas, quebradas financieramente... nuestra utopía. No quiero dirigirme a aquella imagen de bendición. Prefiero hablar de bendiciones teológicas y prácticas. En esto quiero depender de mis propias experiencias y reflexiones... probablemente esto sea un poco peligroso.

La comunidad luterana anglosajona puede esperar bendiciones al comenzar la obra con hispanos debido a que estará dando testimonio del evangelio. Estará activa en la proclamación. Puede esperar recibir bendiciones al entrar en la comunidad hispana porque estará recibiendo el evangelio. Ustedes pueden ver lo que estoy diciendo aquí. El camino tiene doble vía.

Las misiones hispanas de la ILSM tienen un mensaje de buenas nuevas. Podemos dar buenas nuevas a miles y miles de latinos que llevan una carga de pecado y culpa, que tiene muchos problemas. Lo mismo con las misiones entre hispano-mexicanos, quienes después de tres o cuatro generaciones todavía no saben quienes son, que sufren la discriminación, que están enojados... El poder anunciar la aceptación sin condiciones de parte de Dios por los méritos de Jesucristo son Buenas Nuevas. Nuestra proclamación del evangelio son Buenas Nuevas para el joven que todavía busca su identidad, y que puede conocer una comunidad en Cristo sin tener que ganarse la aceptación como cuando se quiere ser miembro de una pandilla. Buenas Nuevas para el cubano-americano, que todavía se siente culpable por el sufrimiento de sus paisanos y su familia todavía en la Isla. Sin duda, la misión anglosajona tiene mucho que ofrecer al hispano.

A la vez, tenemos mucho para recibir y aprender, especialmente del aspecto abierto de la vida hispana. El Dr. González ha escrito en varios libros y artículos sobre la realidad de la vida hispana, que no es una genealogía limpia..... "todos tenemos esqueletos en nuestros placares." Tenemos mucho que aprender de la apertura del hispano: el sentido de totalidad, honestidad, que hace tanta falta en la comunidad cristiana. Mencioné mi propia experiencia con hispanos en la oración... el hecho de que nada queda "afuera de los límites de la oración". Esta honestidad hace falta en la iglesia anglosajona. Menciono estas facetas del ministerio hispano como manifestaciones concretas de bendiciones como camino de doble vía en el ministerio.

Hay otras maneras de índole estructural, institucional, y teológico, por el cual el Sínodo puede esperar bendiciones si de veras se permite recibir el testimonio del hispano, evangelizar al hispano y permitir ser evangelizado por el hispano. Nuestra comunidad anglosajona está destruyéndose. Desde hace años, y especialmente desde el 11 de Septiembre, la iglesia anglosajona se ha volcado casi exclusivamente a la auto introspección en cuanto a la teología y a la práctica de relacionarnos con otros cristianos. Estamos casi al punto de suicidarnos con la soga de nuestras construcciones teológicas. No quiero decir que no importe nuestro uso de palabras. Estoy diciendo que parece que hemos llegado al límite de nuestra habilidad de resolver nuestras relaciones humanas como comunidad cristiana con palabras.

Por lo tanto, invito a la iglesia anglosajona a pensar en una ruta alternativa, a captar algo del alma hispana: la poesía, lo visual, la iglesia mística, que surge de las Américas, que bebe en colores, las procesiones, la marcha hacia la creación de una comunidad nueva a la vez que respeta la comunidad antigua, que trata de crear un pueblo en medio de la tragedia de la explotación económica y la violencia, que celebra el nacimiento del niño de Belén del vientre de María, Madre de Dios, con procesión, y lágrimas, y fiesta. ¿Podría la iglesia hispana invitar a nuestros hermanos y hermanas anglosajones a hacer una peregrinación junto con ellos, una peregrinación de reconciliación desde San Luis a Chicago o Minneapolis... una peregrinación de reconciliación para ser vulnerables y estar juntos al recibir las burlas del mundo, a mostrar vulnerabilidad y a la vez crear comunidad?

He tratado de hablar a mis amigos y hermanos y hermanas anglosajones acerca del ministerio hispano. Celebren. Escuchen. Midan el costo. Prepárense para recibir bendiciones.

IV. Palabras dirigidas a la iglesia hispana

Ahora quiero dirigirme a la parte más difícil de mi presentación, y tratar de sugerirles a ustedes algunas rutas de ministerio tomando en cuenta algunos temas que hemos tratado de delinear hoy. Probablemente ustedes van a poder describir muchas avenidas más que lo que puedo sugerir durante estos breves momentos.

1. *Celebren la palabra hecha carne por nosotros*

Vamos a suponer por unos momentos que lo que muchos eruditos hispanos han dicho acerca de la cultura latina y la expresión religiosa latina es cierto, que el tipo de expresión cultural de la fe cristiana entre los latinos abraza el sentido del ritual, el sentido de lo tradicional, y la acción simbólica para expresar júbilo o tristeza, para darle sentido a los eventos importantes de la vida, para crear comunidad y apoyarla, permitiendo al individuo abrazar la VERDAD sin entenderla completamente. Vamos a suponer que tal observación es solamente 30% ó 40% ó 50% verídica ¿Cuáles serían las implicaciones para el ministerio? He aquí algunas sugerencias.

Si tal afirmación es cierta, nuestro ministerio no debería comenzar con grupos de estudio en las casas, o ejercicios intelectuales. Haríamos mejor si comenzamos asimilando a personas nuevas con celebración, invitándoles a la adoración y al contenido intelectual por vía de la práctica, en vez del proceso al revés, comenzando con un programa completo de instrucción antes de la participación. Posiblemente debemos prestar más atención a las voces de los intereses litúrgicos de la iglesia anglosajona diciendo lex orandi... lex credendi... que practicamos nuestro camino por medio de la adoración para llegar a la enseñanza recta, no al revés. Quizás podríamos buscar maneras de permitir la recepción del Sacramento antes de la confirmación, o de la membresía formal, aceptando la Verdad antes de entenderla. ¿Significa menos interés en la educación? Al contrario.

Significa, mejor dicho, que puede haber crecimiento en el momento en que los fieles entran en procesión... cantan... beben la belleza de la liturgia... el color de los paramentos... o la dinámica de la procesión en las calles... al celebrar la presencia de Dios en Jesucristo en medio de nosotros a través de la imagen pintada o esculpida... tocando el agua del bautismo, regocijándose en la música que sirve como vehículo para transportar la Palabra, testigo de Dios en la música. La atención intencional a detalles de adoración puede, en última instancia, llevarnos a la doctrina correcta.

En términos prácticos esto significa:

1. Comenzamos por practicar la adoración correcta, bien planificada. El oficiante planifica la adoración para que haya una oportunidad máxima para lo visual, el audio, y lo táctil. Debemos ayudar a los niños, jóvenes y adultos a tomar parte en clases de pintura, corte y confección, escultura, nuevas artes electrónicas. Para que el recinto de adoración esté adornado, se puede animar al cultivo de flores para adornar la iglesia. Que la música sea expansiva y majestuosa. Que haya olores, perfume, incienso, color, agua, vino y pan, y participación en el proceso y la celebración. Hay un sentido de comunidad de uno con el otro, y a través de la adoración histórica hay unión con todos los santos (confesados en el Credo). Abramos nuestra adoración al número más alto de participantes tan pronto como sea posible, confiando que Dios nos use a nosotros a clarificar y explicar el contenido doctrinal lo más rápido posible, sin hacer articulación de la doctrina como pre-requisito.

2. Tenemos que hacer una evaluación crítica del proceso de protestantización que se está llevando a cabo en la iglesia luterana anglosajona, y que en efecto está desculturizando al hispano. ¿De veras nuestros hispanos quieren ser aún más bautistas que los bautistas, afirmando el individualismo, haciendo nuestra adoración cada domingo más y más individualista, más y más como

entretenimiento, más y más intelectual, orientada completamente alrededor de una articulación norteamericana o europea? Hay miles de cristianos sentados en auditorios, sin color, sin olores, como simples observadores en un teatro, mirando sin participar, mirando a actores o artistas excelentes, sin duda, listos para el teatro, pero no para la adoración. Eventos sin vestidura litúrgica, sin misterio, sin belleza.

Dios se hizo carne y moró con nosotros, y mora con nosotros ahora... Y así nos acompaña ahora. Dejémos que él trabaje en medio de nosotros, en nuestras culturas. A la vez permitámosle venir a nosotros a través de la cultura hispana, por medio de los vehículos que reflejan y respetan la cultura hispana, especialmente ese enfoque que toma en cuenta al hombre de Dios en su totalidad, en la totalidad de Jesucristo. Él fue a la cruz en forma completa, no solamente su mente o sus enseñanzas, con el fin de crear un cuerpo para preservar y proteger la comunidad, que contrasta grandemente de la cultura cristiana norteamericana. Ésta, como hemos asentado, pone su enfoque en el individualismo y en el consuelo espiritual del individuo sin considerar a la comunidad.

2. *Escudriñen las Escrituras*

Aunque comencé esta sección poniendo la celebración de Dios por nosotros en Jesucristo como punto de arranque, y aún yendo tan lejos como para sugerirles a ustedes que inviten a su pueblo al estudio de las Escrituras desde el contexto de la adoración, en vez del proceso al revés. Ahora quiero invitarles a concentrarse a guiar a su pueblo al estudio profundo de las Sagradas Escrituras. Hasta voy a invitarles a leer la Biblia como hispanos. El Dr. Justo González ha subrayado su enfoque de "leer la Biblia en español". Quiero subrayar este concepto de nuevo simplemente porque nuestro proceso de estudio bíblico en gran parte del siglo pasado presuponía que las Escrituras eran neutrales en cuanto a la cultura. Anteriormente un inglés, un francés, un español, todos podían sacar la misma interpretación sin consideración de sus contextos. Si todo el mundo estudiaba un texto suficientemente, todos llegarían a la misma conclusión, que por fin siempre llegaríamos a la misma interpretación, no importa de dónde uno estaba haciendo su lectura. Gracias a Dios en nuestra denominación durante los últimos años, gracias al Dr. Voelz del Seminario en Saint Louis, ha habido una nueva consideración del contexto del lector.[13] Permítanme darles un ejemplo muy familiar a quienes han estudiado mi curso sobre Hermenéutica. Por un momento vamos a suponer que estamos estudiando Mateo, capítulo 20, la parábola del mayordomo generoso quien llama a obreros a sus campos a la tercera hora, sexta, novena, y aún a la última hora del día... pero al final del día paga a todos sus obreros por igual. Imagínese que usted fuera un mayordomo de la compañía Motorola en la frontera. ¿Dónde se vería usted en la parábola? Un mexicano-americano, miembro de un sindicato, que ha trabajado 15 años en la compañía, y ahora usted ve a un inmigrante sin documentos recibiendo $10.00 dólares por hora, lo que a usted le costó diez años lograr? ¿Dónde se ubica usted en la parábola? No quiero decir que las verdades de la Escritura se abren a una interpretación cualquiera, pero quiero insistir en que tenemos que escudriñar las Escrituras desde el punto de vista de nuestros contextos,

---

[13]He encontrado *What Does This Mean? Principles of Biblical Interpretation in the Post-Modern World,* CPH, 1995, por James Voelz, una ayuda para captar la importancia de entender el mundo del lector cuando interpreta las Escrituras.

y que es importante que usted afirme tal concepto al estudiar las Escrituras. En otras palabras, no debe permitir que la iglesia anglosajona le dicte el contexto al hispano para leer las Escrituras.

3. *Conozcan a su gente*

En la segunda parte de mi presentación traté de describir la composición de las comunidades hispanas luteranas en los Estados Unidos. Ustedes recordarán que traté de mostrar cómo, desde el norte hasta sur, o de costa a costa, hay mucha diversidad. Mostraba el ejemplo de cómo los hispanos de regiones diferentes han desarrollado una lealtad a equipos diferentes de la liga profesional de fútbol norteamericano. Quiero explorar un poco más para enfocar- nos en dos lados de ese ejemplo. Por un lado, el ejemplo es una narrativa de lo que pasa en muchas partes de los EEUU, es decir que la cultura dominante siempre está cambiándonos, los deportes... la música... Home Depot... McDonalds... hasta Taco Bell... Es obvio que el proceso de asimilación está siempre en vigor, y podemos decir que en realidad no somos diferentes porque nosotros mismos estamos participando en la misma actividad o consumiendo los mismo productos.

Por el otro lado, hay un aspecto en el cual no somos iguales, y que tenemos que tomar en cuenta. Son diferencias muy profundas dentro de las culturas hispanas. El hecho de que usted sea puertorriqueño y hable español, no significa que automáticamente será efectivo con los mexicanos recién llegados de México, o con los cubanos que llegaron a Miami en 1960. El lenguaje común en este caso es solamente una herramienta para equiparlo a uno para entender las diferencias religiosas entre el mexicano y el puertorriqueño.

Ustedes también recordarán que dije que la Conquista fue una conquista integral, secular y sagrada. El conquistador fue a la vez santo y pecador. No divorció la realidad política-económica de la parte espiritual. El evangelismo violento englobaba todo. Por lo tanto, hay que entender aquella realidad para que se pueda entender por qué el pueblo a quien ustedes sirven responde como lo hace. Con toda probabilidad llegaron a este país, o sus padres o sus abuelos, con un sentido de persona íntegra, no viendo una división entre lo sagrado y lo secular. Así se explica por qué Cesar Chávez marchaba en las viñas por conseguir mejores sueldos para los trabajadores detrás de la imagen de la Virgen de Guadalupe, o por qué la comunidad mexicana-americana marcha en procesión en Pilsen el Viernes Santo, no sólo recordando la muerte de nuestro Señor, sino también los jóvenes muertos en las pandillas o gangas, o los puertorriqueños marcharán el Día de los Reyes, pero a la vez dirigiéndose a problemas de su vecindario en Logan Square. Ustedes tienen que estudiar estos fenómenos tanto como yo, con el fin de entender que en la profundidad de la cultura hispana hay un sentido religioso en todo, pero que puede haber diferencias de barrio a barrio, comunidad a comunidad. A la vez que les exhorto a conocer sus comunidades, tengo que pedirles que se identifiquen lo más posible con ellas. Tal acción puede significar leer acerca de sus prácticas, hablar con la gente acerca del "por qué" de sus prácticas, la Virgen de Guadalupe o el Via Crucis... entender lo que se pueda antes de entrar de repente con la respuesta luterana para la que quizás ni hubo una pregunta.

4. *Enseñen la iglesia*

Hoy en día tenemos recursos formidables para poder llevar a cabo nuestras misiones. Quiero subrayar tal realidad como parte de mi consejo a la iglesia hispana luterana. Probablemente usted haya oído debates acerca de cuál parte de la gran comisión de Mateo 28 es la más importante: Ir, enseñar, o bautizar. Sé muy bien que muchos de ustedes trabajan en ministerios subsidiados por distritos y que hay presión constante a crecer y abrir nuevas misiones. Invierten mucho tiempo en los programas de inglés como segunda lengua u otras actividades, con el fin de formar grupos locales pronto, con el fin de mostrar al ejecutivo de misiones que usted sí se levanta todas las mañanas. Ustedes trabajan en forma admirable en estos proyectos.

Desgraciadamente, he observado que en muchos lugares se invierte mucho tiempo en responder a las exigencias del grupo patrocinador, que aún la enseñanza básica de la congregación se deja atrás. No tiene que ser así. Hoy en día tenemos materiales buenos de las Sociedades Bíblicas: Biblias, materiales para niños. CPH produce himnarios, obras teológicas, materiales para escuela bíblica de verano, escuela dominical. La Hora Luterana y la Liga de Mujeres Luteranas han preparado cursos y libros devocionales en español. Hay libros nuevos acerca del leccionario. Aun el Instituto ha preparado materiales usando un formato DVD. El Sínodo de Wisconsin y la ELCA ha producido materiales buenos para jóvenes, niños y adultos. Tienen que comprarlos y usarlos. Las casas publicadoras tienen que vender sus materiales antes de poder publicar nuevos. Hay buenos materiales que ustedes pueden usar para preparar los líderes que necesitan ahora y en el futuro.

5. *Hablen la verdad en amor*

Finalmente, quiero pedirles que hablen las Buenas Nuevas el

uno al otro, y al mundo entero, y a la iglesia de Dios con firmeza y a la vez un cariño humilde. Hablar la verdad el uno al otro significa que cada día tenemos que ocuparnos en escuchar lo que la gente, a quien Dios nos ha puesto a servir, nos puede decir. Por muchos años, el Moderador de la Casa de Representantes del Congreso de los Estados Unidos fue Tip O'Neil. Era de descendencia católica irlandesa, de Boston. Una vez dijo: "¡Al final del día toda la política es local!" Él quiso decir que aunque uno pueda hablar del partido nacional o la política de la nación, en el último instante las cosas tienen que efectuarse en el ámbito local. Mucho de lo que O'Neil dijo acerca de la política se aplica a la teología. Siempre tenemos que estar pensando, hablando, aplicando la teología en el ámbito local. Tenemos que permitir, o crear el ambiente en el cual las Buenas Nuevas son Buenas Nuevas en el momento oportuno en el lugar oportuno. Eugenio Lowrey, un famoso predicador y maestro metodista dijo: "Hay que rascarnos donde nos pica." Siempre tenemos que escuchar, escuchar con el fin de averiguar adónde la gente siente la picazón, en un sitio particular, en un momento particular; cómo el pecado y el diablo vienen a nosotros de una forma en un momento, y con otro ataque en otro momento. Creo que tal localismo en la teología es algo muy luterano. En el Prefacio a la Confesión de Augsburgo, se mostró que los príncipes del siglo XVI se dieron cuenta de que vivían en un contexto socio-político. Fue firmado por personas en el nombre y a favor del pueblo bajo su mando. La Confesión fue escrita en alemán y latín, con el fin de que pudiera ser un documento local, pero también a la vez universal. Los príncipes, teólogos, y gente común y corriente nos tenemos que preguntar: "¿Qué significaría en la práctica una articulación local del evangelio?"

Puesto en su forma más sencilla, puede que usted se encuentre con situaciones en las cuales sea más importante insistir en servir a su gente local que tratar de satisfacer la comunidad anglosajón luterana con sus prácticas y políticas. Mi experiencia en docenas y docenas de reuniones con pastores hispanos de la ELCA y Wisconsin, ha sido que tenemos mucho más en común con la familia hispana que con congregaciones de nuestro Sínodo. No debemos despreciar tal realidad. Tampoco debemos desafiar nuestras congregaciones del Sínodo. Dicho de otra manera, a la vez que tenemos tanto respeto por el Sínodo, no podemos permitir que el proceso de pensamiento de la teología europea-americana, que ha traído tanta división y tristeza, y estancamiento en nuestro Sínodo, nos ponga en una situación de parálisis, especialmente si aislamos nuestras congregaciones hispanas de otras comunidades cristianas hispanas. Y tenemos que tomar tal acción en forma responsable y bien entendida, no clandestinamente, sino más bien de manera clara y abierta, no con el fin de desafiar ni desobedecer, sino más bien en el espíritu de hermandad y amor, porque...

1. A la iglesia anglosajona del Sínodo de Missouri desesperadamente le hace falta la vida, el testimonio, el color, y la celebración de la iglesia hispana.
2. Le hace falta su llamado a arrepentirse del racismo, secularismo, e individualismo.
3. Le hace falta oír de ustedes mismos gritos de justicia e igualdad, leyes de inmigración más justas, mejor educación, programas de salud pública.
4. Le hace falta la voz de ustedes en todas aquellas áreas de la vida, debido a que está vieja, cansada, y rica, y ha perdido su voz profética.
5. Le hace falta la voz del hispano vulnerable para llamarla

a una nueva consideración de los pecados del mundo moderno, y nuestra parte en ellos, y a la vez cómo las Buenas Nuevas de Jesucristo puede traerle saneamiento y nueva vida.

Hablen la verdad en amor ya que a la iglesia le hace falta su celebración. Si es verdad que la poesía y la música y el arte pueden movilizar el espíritu humano más allá de lo que fácilmente podemos explicar, y si es verdad que aquellos vehículos pueden llevarnos más allá de lo que podemos articular o analizar, y pueden mover nuestras mentes a tomar lo que la lógica no puede, entonces la iglesia hispana, si es fiel a su historia, a su cultura, a su mezcla de lo sagrado y lo secular, a su aceptación del Hijo de María sin entender todo, puede ser un faro de esperanza para una denominación que ha perdido su sentido de maravilla, su imaginación al milagro, para una denominación perdida en sus estatutos, y francamente en peligro de perderse totalmente.

A través de la fiesta, la celebración, la procesión, con ruido, color, belleza, movimiento, comida, amistad, la iglesia luterana hispana puede ser un rayo de esperanza que brille delante de la iglesia anglosajona. En aquel momento todos los esfuerzos de tantos santos todavía vivos y otros con su Señor habrán rendido fruto más allá de lo que ellos pudieran haberse imaginado. La gente que una vez fue vista solamente como objeto de misión, puede ser el agente de salvación de una iglesia con tantos problemas. "¡Cristo Vive...Vengan a los ríos de agua viva!" Amén.

National Hispanic Lutheran Convention
August 2, 2003
Marriot Airport Hotel
Los Angeles, CA

Under The Cross Of Christ....Today

Douglas R. Groll

Introduction:

I want to begin by thanking you for inviting me to be one of the keynote speakers for this Primera Convención Nacional Hispana Luterana. The fact that we are here today is certainly a tribute to the hard work of the planning committee and the long term support of the Board for Missions of the LCMS, but it is also a reflection of the work of many many Christians over the decades, of clergy leaders such as Carlos Puig, Eduardo Llerena, Leopoldo Vigil, Herb Sims, Iggie Gruell, Bernie Pankow, David Stirdivant, Juan Berndt, Robert González; of wonderful, enlightened, Christ-filled laymen and women such as Leticia Godoy, Lorain Florindez, Susan González; saints already with their Lord such as Henry Salcido, Vernon Harley, Dr. Pedro Riveiro, Nelson Colón, Juan Rubio, Dennis Schiefelbein, Fred Pankow, Enrique Carcas . . . the list could go on and on. We always carry on our work today in the shadow of the "cloud,". . . the cloud of witnesses who continue to give of their lives and of those who gave us so much during their lives.

I am also honored to be one of your speakers and to share presentations with two highly distinguished churchmen. We have heard Dr. Justo González. He has shared his great wisdom with us. I hope to be able to contribute something additional to his perceptive remarks. As you have probably already noticed I'm followed by another fine churchman, Dr. Gerald Kieschnick, our President. He has not had an easy two years. Please remember that he was installed on the St. Louis Seminary campus on September 8, 2001. I would hope that one of the high points of his administration was his inaugural handshake with Trini Castañeda's little daughter by the chapel's baptismal font. That had to be a good time. As we all know, three days later brought new challenges for church leaders. Dr. Kieschnick has responded nobly. I hope to be able to say something that will make his presentation to you a bit easier.

We need to be clear about who we are if we are to be helpful to one another. There was no escaping Dr. González' identity. He is Latino, Hispanic. His is the pre-eminent voice of the Hispanic Church in the U.S. There will be no mistaking Dr. Kieschnick. He is an outstanding Anglo-American leader of the LCMS. You are looking at probably the most dangerous person on the program, an Anglo, a grandchild and great grandchild of German and English immigrants who has spent his entire career, some 37 years, working in mission with and to Latins. I speak and read Spanish, but I do not write a good literary Spanish. I consider many of you my closest friends. You have invited our family into your lives for decades. We have worshiped, eaten, laughed, cried, studied and worked together. Yet, I have never known what it is to be denied services or entry to a theater, restaurant or club in the United States because I look the way I do. I have never been forced to show an identification card to prove myself to anyone. I've never been mistreated by a police officer or immigration officer. I have never been accused of any crime just because I happened to be near some crime scene and look as though I haven't shaved. I have looked at your shoes but I have never had to walk in them. I am always conscious of something that Dr. Virgilio Elizondo, the Roman Catholic Hispanic theologian wrote about a decade ago. He was speaking specifically about the possibility of someone from the outside understanding Latino popular religion, but I think it bears listening to as a counterbalance to glib generalizations by anyone from the "outside" trying to describe so much about any other culture: **"I am convinced that you can only understand religious symbols correctly from within and not by mere observation ... even the best and most critical from the outside. In seeking to understand religious symbols correctly, the so-called objective distance of western scholars is a sure guarantee for falsification and objective error, especially if their research is not done in dialog with the believers themselves. Only by a patient and prolonged listening to the believers can one begin to understand the real meaning of their practice and rituals. They cannot be judged by criteria of another cosmo vison or world view."**[1] I enter this task, therefore, with some trepidation. I think I have something to say, but it must be open to your scrutiny. Consequently, I have decided to talk about our ministry **today** under four topics. I challenge you to speak with each other in the course of our discussion periods about the validity of my observations on each of these topics. In a sense I will be speaking as an Anglo but from two different perspectives, thus the two podiums.

1. Describing the Anglo Church Today
2. Describing The Hispanic Church Today
3. Advice to the Anglo Church as it relates to Hispanics
4. Directions For Hispanic Ministry Today

I will dare to touch topic No. 1 as an insider. I am an Anglo. Perhaps that is where I can be most helpful for you as you relate to the Anglo church. I will be describing the Hispanic Church today (Topic No. 2) largely on the basis of observer, participant and what I have read (and I do that fully conscious of Elizondo's caution). In daring to speak to both the Anglo church and our Hispanic

---

[1] Virgilio Elizondo, "Popular Religion as the Core of Cultural Identity Based on the Mexican American Experience in the United States" pp.113-132 in *An Enduring Flame, Studies on Latino Popular Religiosity* (New York: The Graduate School and University Center of the City University of New York, 1994, Editors: Anthony M. Stevens-Arroyo and Ana Maria Diaz-Stevens), p. 114.

community suggesting directions for Hispanic ministry today (Divisions 3 and 4) I realize that I might easily get everyone angry at me, but I will be doing that on the basis of many Hispanic writers and my own observations.

Describing The Anglo Church Today

If we had a month there might be a hundred things I would tell you about the LCMS which might be important for relating the English speaking church to your ministry with Hispanics. We don't have that amount of time but there are six main points I would like you to consider.

1. The first is this: ***There is no simple description of the English-speaking North American-born LCMS that gives a one-view identity of that church either from the outside (that is, described by someone "out there" trying to describe us) or from the inside.*** Meredith McGuire a scholar writing in <u>An Enduring Flame</u>, <u>Studies On Latin Popular Religiosity</u> in writing about Latino religion in the U.S. states (and this also applies to the U.S. Anglo church) *"we must avoid deductive assumptions about the nature of Latino religiosity ... for example ... that Latino religiosity is family oriented ... That line of reasoning might have worked for describing most religiosity in pre-modern societies, but in the U.S. and other late modern societies, we cannot make any a priori assumptions about which identity elements ...religiosity, ethnicity, gender roles ... any given individual has selected.*[2] Simply put, just as an Anglo I have to be so careful in describing the Latino, it also works the other way.

   Anglo culture as the "dominant" culture in our country is

---

[2]Meredith McGuire, "Linking Theory and Methodology for the Study of Latin Religiosity in the United States Context" pp. 192-203, in *An Enduring Flame...* p.201.

changing so fast that even from within we have an "identity" crisis, a sort of ecclesial "identity" crisis. We are changing as fast as the later immigrant groups and have been doing so for years. We simply haven't been able to admit it. Let me give you an example of change on a very personal level that should be a caution against overly eager stereotypes that would freeze people in time with only one static image.

My grandmother Sophia Groll arrived at the port of New York as a single female immigrant of 16 years of age on the steamer *Bremerhaven* in 1895. She used to tell of her fears as a proper upper-class, single, young German woman traveling alone on a ship going to a new land. She had her Bible, her songbook, and a sermon book. She traveled with that, a seeming picture of conservative, pious German Lutheranism. Sixty years later, however, after my grandfather had died and I was in high school, I remember visiting her one Saturday afternoon in her home. She was watching the Ohio State football game on her black and white TV. I said to her, "Grandma, you don't know anything about football! Why are you watching this?" She answered, "I know that, my son, but if I watch it enough I will figure it out!" She had figured out professional wrestling . . . and she loved Saturday night wrestling. Anyone describing her in 1900 and then doing it again in 1960 would have described two different persons. She probably would not have recognized herself. It simply does not hold that even I, as a third generation American can say, "We German Lutherans do it this way or that." That phrase can no longer hold. McGuire says this about the immigrant: *"The pattern of individual identities is so eclectic that a third generation immigrant may choose to assert some elements of her own ethnic traditions, others' ethnic traditions, new and syncretic patterns, and combine all of these into a personally meaningful and workable self identity."*[3]

What I am getting at is this; nothing is static. We can take nothing for granted. Even within the English speaking Lutheran church we have to leave behind any thought of a singular description that can encompass us all. We are no longer predictable. And that is very hard for the Anglo Lutheran church to accept about itself. In many respects that is why we have such internal struggles. We do not know who we are because we have changed in so many cultural ways and we do not want to admit that these subtle changes have affected our religious belief system and worship practices. We have become North American and we are not sure we like that. That leads to our next point of description.

2. ***The LCMS is consistent with its Northern European cultural and confessional origins.***

At the same time I say that we are not static and that we are constantly changing or that it is terribly difficult to define our own identity, let alone allow someone else to describe us, I can confidently say that though I might not know where I am now, I do know where we have been. For this reason we must recognize that your Anglo Lutheran brothers and sisters come out of Northern European cultural and philosophical trends of the late Middle Ages and the Enlightenment. As I will point out in Section Two of this presentation, that is going to be quite a contrast to the origins of the sense of religious values that have held sway in Latin America for the last five hundred years.

What do I mean when I say that the LCMS is consistent with

---
[3] McGuire, p. 202.

its Northern European cultural and confessional origins? Here are some observations: Though we came late to the scene (1838-1914) and though we never have seen ourselves as a part of the "establishment" church of the Colonies prior to the American Revolution, or the Lutherans of Manhattan, Delaware and Pennsylvania, or Puritan Anabaptists, Anglican Presbyterian Congregationalists, yet by virtue of coming out of a German culture as a part of the establishment culture or mentality of that society, we readily have accepted "our place" as a part of American religious culture. We think as children of the establishment and of the Enlightenment. Let me suggest some ways to illustrate this.

1. Though the content of the confessions were different, the various Reformers and their counterparts within the Northern European Roman Church used the same thought processes. They were programmed by Western European culture to address issues the same way. They wrote confessions. They debated. They fought wars based on confessional positions. They defined themselves with words and clear articulation of doctrines. They used words and they printed words. They all seemed to move their churches away from the mystical and made the Christian faith a very "heady" intellectual spiritual expression. Luther debated Eck with words. He did not challenge his opponent to paint a better oil or carve a marble statue to convey his thought.

2. They transmitted that same mind set to the New World. When they came to this country our LCMS fathers and grandfathers seemed to fit right into cultural patterns of **Protestantism** in the United States, though some groupings were already some 200 years old.

A. By accepting the separation of church and state as a given (as was the case of many immigrating groups) they believed they could find sufficient space to continue as cohesive groups and allow their culture as a homogeneous group to be a partial expression of their faith.

B. Lutherans accepted acquisition of wealth as a mark of divine pleasure and blessing. Missouri Lutherans have done very well in ascending the socio-economic ladder in a little more than a century. The Lutheran fraternal insurance company boasts of managing more than 57 billion dollars of assets.[4]

C. Lutherans have embraced an acceptance of the Protestant insistence on the rights of the individual as opposed to the much more conservative European collective family traditions.

D. Lutherans have been willing to accept the prevailing philosophies around "Manifest Destiny" as a part of "our" future and right. Here we need only look to the immigration patterns of Lutheran Germans in 19th Century Texas history to see how readily Lutherans accepted westward expansion.

E. Because of the ready acceptance of the principles of separation of Church and State, we accepted the inevitability of moving religious expression away from public expression of what is central in the culture. We have moved the core values of the culture and religious expression to the periphery. Religious

---

[4]The Chicago Tribune, Oct. 24, 2002. Paid Advertisement of *Thrivent Financial for Lutherans. The Tribune Company, Chicago, IL.*

expression is what we do "in private" and consequently there can be no one claim upon all men. This is very "American." This has become very "Lutheran".

3. ***Our understanding of expressions of the Christian faith of Latino or Hispanic Americans is largely one mediated by our understanding of Northern European Catholicism and the confessional movements of the Reformation Era rather than the pre-Reformation Catholicism surging out of Spain and the Mediterranean that gave birth to the Latin American Church as it melded with indigenous American religious cultures.*** Simply put, we have viewed Latin American Catholicism through the same lens that we have used to understand German, Irish or Polish Catholicism. This has led us to assume that we can approach evangelism or stewardship or inter-church dialog in the same academic way that we deal with North European Roman Catholics; that is, with the high emphasis on the intellectual, the doctrinal-confessional basis of faith expression, when in reality those are not the starting points of Latin American faith expressions that are attuned to the celebration, the feast, and the procession. I should add that even our North American Roman Catholic brothers and sisters have made the same mistake. Elizondo writes: *"The implications of this are quite vast. In the United States the sacraments have been the ordinary way of Church life, while in Mexico it has been the sacramentals. The written and spoken alphabetic word (dogmas, doctrines and papal documents) are the most important in U.S. Catholicism while the ritual and devotional image-word has been the mainstay of Mexican Catholicism. The United States has been parish centered while the*

Mexican church has been home, town and shrine centered.[5]

Samuel Silva-Gotay, a Puerto Rican scholar from the University of Puerto Rico has written extensively on religious implications of the conquest of 1898. In one of his essays he points out that the North American Roman Catholic religious establishment prior to that war viewed Roman Catholicism of Puerto Rico as deficient. *Catholic magazines of the North joined with Protestant ones in demanding the blood of the cruel Spanish nation......They wrote that the "obscurantist Catholicism of the Spain would be replaced with the true Catholicism of the United States."*[6] I mention this only to underscore that once again we have tended to look at Hispanic-Latin Catholicism from pretty much the same North European mind set as even our Roman Catholic German, Irish, Polish friends, and thus have misread what we were seeing.

4. **God has blessed Missouri with wonderful examples of the Church in mission while working through our acceptance of North American values and individualism.** As we have moved into and become comfortable with North American culture, we have learned it well enough that thousands of congregations as well as hundreds of missions, schools, hospitals, orphanages and housing developments have been established. Faith-motivated individuals who while fully realizing that they could not count on a state-sponsored church but a basically beneficent society in general, have given of time, talent, and resources by the billions to support the extension of the Gospel. So, while much has been accomplished, we have to remember that this has been done in a sense in a highly private sphere. St. John Lutheran in

---

[5]Elizondo, p. 120.
[6]Samuel Silva-Gotay, "The Ideological Dimensions of Popular Religiosity and Cultural Identity in Puerto Rico" pp. 133-169, in *An Enduring Flame*.....p. 147.

Holgate, Ohio (a rural village of 1100 people) as a member of the LCMS supported evangelistic mission in the highlands of New Guinea and Guatemala, Venezuela and Panama. St. Peter's Lutheran of Holgate, Ohio, now an ELCA congregation supported work in the lowlands of New Guinea, Columbia and Mexico. Even the proclamation of the Gospel in mission has gone out as private expressions of the faith, but it has been proclaimed.

5. ***Missouri Lutherans have gradually embraced North American popular religion.*** Here we deal with unfortunate realities. As we have accepted the individualization or privatization of religious expression, we have allowed and even embraced other answers to the seeming human need for national identity and some sort of religious or at least ritual expression to give that identity meaning. In many cases we have made patriotism, the flag, the support of a war or a foreign policy a type of national religion, complete with music, ritual and prayer. The need for national cohesiveness during national emergencies is obvious, and there can be no question of this. From the time of the American Civil War, the nation has supported a religious identity and a type of national God. This has even heightened the bonds between prayer on the one hand, and military and national public policy on the other. We seem to be able to come together in ritual only around national questions and the expression of that unity takes on nationalistic tinges. We display the American flag in our churches (and Missouri is very much a part of this) and the church becomes a vehicle of a national religion. This is not an articulated, controlled or organized religious phenomenon. There is no "high priest" although some might view the President as a type of symbolic focal point, a type of national high priest. This may help explain the high insistence on personal morality of our presidents.

But in many, many ways it is a lay movement which surges out of the national consciousness. In this respect the North American folk religion is not so terribly different from the Mexican sense of identity centered in the Virgin of Guadalupe. Much of the debate within the Missouri Synod about the prayer service held in Yankee Stadium after the 9/11 disaster missed the point. One often heard people asking if Lutherans could pray alongside Muslims or Jews or Hindi as though the Trinity was being put alongside a type of polytheistic hodgepodge of gods. That question was secondary to one we might better have asked: To what degree was any group with its own identity being used by the "national" religion, this collective consciousness of a God of the United States who smiles upon us and has given us great power. Although 9/11 was an immediate disaster in terms of loss of life and economic setback, it is more telling in a sense as an attack on our values. One fanatic religious group was attacking our uniform symbols of prosperity. The Twin Towers of the World Trade Center were symbols of our economic power as was the Pentagon the center of military hegemony. We needed prayer and national religion after that to tell us that our national God, not the suffering God of the Cross, but rather a God of national power, was still with us.

There are other secondary folk religions that we have bought into as Missouri Lutherans: the Super Bowl with its liturgy, vestments, music, food and festal celebration is one example. We follow the NBA, high school basketball in Indiana and high school football in Texas. We wink at the abuses of Santa Claus and the Easter Bunny. We have embraced to a greater or lesser degree these folk religions. I mention this simply because they are so close to us as a people that we cannot see them for what they are and because they can distance us from the mission we say we want to serve. These national popular religions remove us from meaningful considerations of most of the world's people. They certainly get in the way of cross-cultural evangelism.

6. **For the most part Missouri Synod Lutherans, though sympathetic and generous to a fault in caring for the individual (since ours is an individualistic-private expression of the faith) have no knowledge of or interest in the structural-socioeconomic problems that face Hispanics in the United States. This is a major contributing factor to our lack of success in mission.**

Because we have ascended the socioeconomic ladder with a wholesale embrace of so many values around individualism and materialism and popular religion, it has been acceptable for us to continue to move outward to the suburbs. In so doing we have abandoned hundreds of churches in changing neighborhoods. We speak of being in mission to African-Americans, Chinese and Hispanics with individual gifts often at great individual sacrificial giving by good people. Nevertheless, our physical separation from the "old neighborhood" prevents us from being in mission with those peoples. We have abandoned a theology of accompaniment. The result of this is a complete lack of knowledge and perhaps disconnection from the social-economic-structural problems related to immigration, housing, education, health care and economic exploitation of the Hispanic, African American or Asian immigrant. Most Missouri Synod Lutherans have not connected our lack of success in ministry with Hispanics or other ethnic groups with these realities: we cannot worship with Hispanics on Sunday and pay below minimum wage Monday through Saturday and be indifferent to laws to protect them and ways to make their lives more human. To the degree that circuit, district or synodical mission boards fail to address the interrelatedness of these factors, we will continue to limp along with a wordy intellectual religion not in tune with ethnic groups; in our case, especially Hispanics.

A few weeks ago I had the opportunity to speak to a fine Lutheran lady from Iowa. She was intently focused on developing Hispanic missions in her district. She recounted to me how difficult Spanish language work in her district was because the farm workers worked incredibly long hours seven days a week and it was nearly impossible to have classes or worship with them. When I suggested that the Lutheran farmers there might want to consider giving the workers more money, shorter hours and a day off she answered, "Well, they just are not going to do that!"

This is admittedly my description of the Church body that has been my cradle, my teacher, my arena of mission. That is my view from the inside. You might want to question that. I say that not about "them", but about me. I would only underscore once more these six points.

1. One identity does not fit all.
2. We are very much part of a continuum with Northern European theologies. . . at least in the way we do theology.
3. We have attempted to view the Hispanic-Latin Church experience through the eyes of our understanding of North European Catholicism rather than Pre-Reformation Iberian Catholicism.
4. There have been some blessings in the American insistence on the rights and responsibilities of the individual, even within the Church.
5. Missouri Synod Lutherans have embraced North American popular religion

6. Missouri Lutherans tend to flee points of cultural transition and subsequently are innocent of structural-social-economic-exploitative questions that millions of Hispanics confront each day.

II. Describing The Hispanic Church Today

For the next few minutes I want to attempt to look at Hispanic Christians and Hispanic Missouri Synod Lutherans in the United States today and describe you to yourselves and also in the wider Christian North American culture. As you well know, herein lies the danger. For this reason I am going to even physically move to another part of the platform so that you can perhaps grasp how I am trying to speak from another perspective. When I spoke from the other podium as an Anglo I spoke as an insider of that culture. Pastors Eloy González or Bob González or Pastor Merlo as insiders of Hispanic culture would perhaps be giving this presentation from even a third podium as Hispanic insiders. They would be the insiders. I certainly would not belong there. I'll place myself here, not really over there where any of my friends would be standing as insiders. I'll stand here as an observer from the outside, but in a sense as a brother in Christ. In that sense I suppose I am somewhat on the inside, and that certainly helps span the distance. Again there is so much to be said. I will try to limit myself to six main points:

1. **There is no simple description of the Hispanic Church within or without the LCMS.** Once again I want to go back to the same reflections made by Meredith McGuire about the difficulty of describing any ethnic group or the danger of limiting our understanding of that group to one frozen image.

Self identity as it relates to religious and ethnic identity is, thus, an ongoing project, rather than a static given. Therefore its content is likely to be variable over an individual's lifetime.

There are different ways to express ethnicity: social class, gender, educational level, intergenerational level.

It is counter productive to hold any rigid longitudinal image of ethnic assimilating . . . while elements of the dominant culture still inform the larger society . . . it lacks the cultural hegemony it once did.[7]

From my first point of reference as the "insider" I cautioned against too glibly trying to freeze the Anglo-Lutheran experience into one short German Lutheran caricature. Now I must do that as I join you in describing your Hispanic presence within the Synod. To do this I will simply remind us of what many of you have reminded me over the years. "Pastor, we are not Hispanics...we are Mexicans or Cubans or Puerto Riqueños, each with our own histories that we want at least identified if not respected. I have learned the hard way that Puerto Rican children on the West Side of Cleveland do not know Venezuelan aguinaldos...or eat arepas or understand South American culture. It took me about five years to comprehend those differences even though historically there were many many sociopolitical ties between those two peoples. The Anglo who wants to understand North American Hispanic religious differences, for example, has to try to grasp how radically different the Puerto Rican Christian landscape (with the entire 20th century of almost government-sponsored Protestantization) is from the long Roman Catholic

---
[7]McGuire, p. 202.

presence and influence in Texas and California without the same political history. Hispanics have to learn this, too. Latinos must also study Latino history.

I want to stress this as I describe our own small Lutheran Missouri Synod Hispanic community because it is important that you also understand the diversity within our group. Though we probably number around 10,000, here I will use "we" with your permission. I'm not so sure you always realize that either. My suspicion is that, perhaps because you are united in speaking the wonderful language of Cervantes, you might often overlook important differences. One of the blessings of my call has been the opportunity to visit Hispanic Lutheran worshiping groups from the State of Washington with its Yakima Valley to Homestead, Florida. I have been with groups from San Diego to Buffalo. There is no one way to describe you. Cubans in Miami live and die with the Dolphins. Puerto Rican Pastors Perez, Torres and I always knew that the Cleveland Browns were always going to get beaten by Dominican Pastor Santana's Denver Broncos. Mexican and Mexican-American Pastors Dan Williams and Elías Martínez always could call us back to reality with exploits of the then Houston Oilers. Each group is quite different yet quite similar. Immigrant churches on the one hand assimilate while at the same time maintain ethnic identities. At the same time you are vastly different from each other. Some are quite traditional liturgically and growing. Others are less liturgical and growing. Some from both groups seem static. I want to stress this because it is important in our understanding of the dynamics of ministry.

I will close this section with an illustration that shows how there could be so much similarity and yet so much difference based not so much on the appearance from the outside or the language as seen from the outside, but the person's self-image. It points out identity.

Earl Shorris has written a wonderful look about Latinos in his book by that name. He describes how important it is to try to understand a person by how he views himself. He uses the example of the difference between Mexicans who have immigrated and who have in a sense "bought into" North American society as opposed to those who are here without documents or with documents but have never really wanted to be here. They can be from the same place and look very similar. They may or may not speak the same language or dialect, but their attitudes can be quite different. He tells of David Moquel, the son of an immigrant from Yucatan who became a Harvard graduate and learned English as a second language. He was teaching the son of another Mexican from a third-generation Yucatan woman who spoke no Spanish. One would have thought her to be completely Americanized. Yet, in a heated discussion about her son and his adjustment problems, and although English was his second language and her first, and although he looked Mayan because both sides of his family were Mayan, she said to him, "You goddamned gringos! You make life impossible for us."[8] She perceived herself to be someone disconnected from where she had lived her entire life. I use this all-to-long illustration to emphasize the diversity of identity within the general Hispanic community and certainly the diversity which we must understand within our Hispanic congregations and missions.

2. ***The Hispanic Church in the United States is still culturally rooted in its Mediterranean - Spanish Roman Catholic***

---

[8]Shorris, Earl. *Latinos, A Biography of the People* (New York: Norton, 1992), p. 133.

roots of the Conquest and its marriage with Amerindian culture. Just as in my description of the LCMS and my assertion that though we could not present a singular unifying image of the Anglo Lutheran church on August 4, 2003, we could be reasonably sure of a good part of the history that has made us what we are now. Allow me to restate a similar statement to describe the history of our Hispanic Lutheran groups in the United States. Realizing full well that you may or may not accept this premise, I would posit that even if an Hispanic has never espoused formal Roman Catholicism there are such deep cultural roots in the religious impact of the Conquest that any attempt at understanding mission will be futile unless this is at least considered. There are contributing factors that help us to understand this thesis:

A. The Roman Catholicism of the Iberian Conquest was a faith experience of the total being without the narrower North European Roman Catholic or Protestant-Lutheran focus of understanding a proper systematic articulation of the faith. North American Jesuit theologian Alan Figueroa Deck has reminded us that almost 90 years of discovery and conquest elapsed before the Church delineated the carefully articulated theological treatises of the Council of Trent. Spanish colonial Catholicism was pre-Trent, and that remains a fact that explains many Hispanic religious behaviors today. In his eloquent description of the assimilation of Spanish Catholicism by the Americas, Jaime Vidal affirms, "*Christian chant and ritual, the use of incense, penances, pilgrimages to sacred places provide continuity with native religious practices in Latin America. Even more important than the actual rituals or the importance given to them which may vary from region to region is the permanence of a sense of ritual in the religion of our people. This is a sense for the* *importance of traditional symbolic action for expressions of joy and sorrows, for giving meaning to events of life, turning chaos into cosmos . . . creating community and supporting it. Catholicism views belief as endowed with a social or communal nature which allows a person to embrace Truth <u>without fully understanding it in rational terms.</u> (emphasis mine)*[9]

B. While the North European religious experience moved deeper and deeper into a "private" and "personal" expression of the faith simply because there could be no inclusive public expression in a pluralistic, multi-denominational nation, Hispanic Roman Catholicism culturally worked toward and continues to work today to develop an inclusive community-forming religious expression. I believe I have seen that as I have observed you in worship over the years. I have noticed that when we pray in Anglo churches we are very cautious to protect the individual. We are careful to never be too inclusive, never to pray for "little" things, perhaps those things that we would be too ashamed to ask for. We never publicly pray for things that really are rather personal. This is not so in our Hispanic congregations. There we pray for everything. Where in an Anglo Lutheran church you would never hear the congregation praying for Mrs. Smith and her drug addicted son who is in the Stateville Prison, this would not be so in our Hispanic congregations. Everything is there for all to see and hear. We don't separate the sacred and the secular. Everything gets put together. The sense of community building often gets played out as the community of faith dares to make claims

---

[9]Vidal, "Towards an Understanding of Synthesis in Iberian Hispanic American Popular Religiosity" pp. 69-95, in *An Enduring Flame....*p. 71.

over against personal, community and national problems.

Let me give you an example: Each year there is an observance of the Way of the Cross on Good Friday in the city of Chicago in the barrio of Pilsen. It is one of the largest in the U.S. This year Professor Domínguez and I walked that procession. We walked the 14 or 15 city blocks together with thousands and thousands of mainly Mexicans and Mexican Americans. What was important here were the themes prayed at the stations of the cross. There were prayers for Hispanic men and women in Iraq. There were prayers for an end to gang killings on those same streets. There were prayers for an end to violence against Hispanic women by their husbands. There were prayers for amnesty for people with immigration problems. This public ritual was not just a commemoration of something that happened in the past. This was about the crucifixion of Our Lord, but not exclusively that historical event. This procession went beyond that. We were observing a religious procession, participating in a performance ritual that was actually creating community in that moment.

C. Any attempt to define our own Lutheran Hispanic community must somehow come to grips with Hispanic popular religion insofar as our congregations are constantly addressing the different manifestations of Marian devotions, the public nature of Hispanic ritual expression and the reality of the deeply felt holistic expression of the healing arts. If we are to be in ministry we have to restudy and rethink at least three major manifestations of Hispanic popular religion: adoration of the Virgin, the Via Crucis of Holy Week and the various manifestations of the Day of the Dead. I mention this because for the most part we have simply discarded or ignored these rituals as colorful native folklore at best or demonic pagan practice at worse. Is there something more behind these practices than what the Anglo-European theological mindset has told us is normative? If the Anglo Lutheran community must fight its own demons of a national militarist theology of glory, is there a place for Hispanics to at least dialog with each other about the significance of the hope of the resurrection of the powerless at the commemoration of the Day of the Dead, the affirmation of human dignity inherent in the affirmation of acceptance in the theologies of an affirming Morenita? We will speak more of this in parts three and four.

3. *Hispanic Lutherans have tended to accept Northern European Protestant and Roman Catholic characterizations of their Catholic heritage as true. However, these characterizations are the result of looking only through the lens of Missouri Synod theology, and without independent investigation.* A friend of mine (an Anglo) was a pastor for many years in Arizona. He loves Mexican food and would go to Mexico often and eat authentic Mexican food. His son managed a *ChiChi's Restaurant* in a northern city in the U.S. In one of our conversations I remember my friend saying to his son, "But Paul, *ChiChi's* is not real Mexican food!" His son answered, "Dad, we buy it, we cook it, we market it, we say what it is!" I believe that this is analogous to what has happened so often in our theological circles. So often our Hispanic leaders, trained by Anglo professors like me, automatically will look at Hispanic religious experience through our North European eyes. We sometimes have really been too good at teaching, and so we have you believing about yourselves what we believe you should believe. We

buy it, produce it, cook it, and say what it is. We have defined how hot the salsa should be in the Pico de Gallo rather than letting you say for yourselves. Now this is not to say that all Anglo European observations are incorrect or all Latin theological flavors are correct. It is to say that the Anglo definition of what the theological questions are should at least be questioned. Allow me to give you a concrete example. Popular Anglo-Lutheran observation about the Mexican or Mexican-American observance of the Day of the Dead goes something like this: "See the Mexican observance of the Day of the Dead. This is strange because you are dealing with a culture obsessed with death that does not know the risen Christ!" Listen now, however, to an observation by Elizondo as he gives quite a different observation:

> *People who only know us from the outside claim that we are so fascinated with suffering and death that we ignore joy and resurrection. Nothing could be further from the truth. Such people see us but they do not know us. Our people accept openly the harshness of suffering and death because we participate already in the beginning of resurrection. But at no time do we celebrate the communion of living saints more than on el Day of the Dead which in effect is the day of the living – the day of those who have defied death and are more alive than ever. Thus what is celebrated as the day of the dead is in effect the celebration of indestructive life – a life which not even death can destroy. Society might take our lands away, marginate us and even kill us, but it cannot destroy us. For we live on in the generations to come and in them the previous generations continue to be alive.*[10]

---

[10]Elizondo, Ibid, p. 127.

Now in quoting Elizondo here I would not pretend to glibly endorse his theology of resurrection based on a few brief paragraphs. I honestly do not know what his views on a physical resurrection are, especially his lack of a Christ resurrected on these two pages from which I have cited. What I want to point out, however, is that our Hispanic Lutherans cannot continue to look at Hispanic theological expression only through Anglo-North European theological lenses. We have to listen much more carefully at what is really being said and acted out in Latin-Hispanic cultural and religious cultural expressions. We have to agree and disagree with other Hispanic Christian communities more on the basis of what our reading of the Scriptures and the proper use of the Lutheran Confessions tell us than on the basis of a North European - Americanized view of what it feels are Hispanic questions and answers. I suggest that this has to take place on the local level.

4. ***Hispanics in Hispanic Lutheran churches in the United States are silently living on the side of vulnerability over against Anglo dominance in political, economic and social realms of activity.*** Some time ago Pastor Cristiano Artigas and I planned for an instructional weekend in Phoenix. As was generally to be our work routine, I was to arrive on Friday afternoon, carry on classes on Friday evening, all day Saturday and then take part in worship on Sunday. On Monday prior to the weekend Pastor Artigas called me to tell me that we would have to postpone our classes because the majority of my class had been arrested in a sweep by the Immigration And Naturalization Service at the car wash where they worked and were now on their way back to Mexico. Some weeks later, partially in jest, I asked someone at Concordia Seminary about the last time there had been a sweep of the St. Louis campus by the INS. I believe you see where I am moving in this section. There is a vast difference of life settings between the cultures of our Hispanic churches and the cultures of our Anglo-Lutheran communities, and we have yet to articulate meaningful responses to this disparity.

Many of you are in almost impossible situations. On the one hand you are directly or indirectly dependent upon a local anglosaxon congregation or district that has trouble understanding the economic and political uncertainties surrounding problems of being undocumented, or working for less than minimum wage, or trying to rear children completely devoid of any health care or educational protection. I list this as one of the characteristics especially underlining the word "silent". For some reason, perhaps in the interest of gratitude for help received, and certainly out of love for hundreds and hundreds of Lutheran Christians who have given generously to establish Hispanic missions there has been a hesitancy on our Hispanic pastors' part to speak prophetically to this constituency and in many cases to say, "As we grow together in Christ we have to address some sanctification issues as they relate to exploitation of Hispanics in the agro industries that feed us and exploitation of Hispanics in the service industries that keep our restaurants, schools, hospitals and offices functioning. We have to ask about exploitation of Hispanics in the Armed Forces where an inordinate number of Hispanic men and women are bearing the weight of American foreign policy. I think it is time for Hispanic Lutherans to begin to lovingly address these questions of vulnerability to our Anglo brothers and sisters who vote, pay taxes and are often in positions of influence on both secular and ecclesiastical levels.

There are many more observations one could make. I have chosen these as perhaps only a beginning of my description of Hispanic Lutheran members of the Missouri Synod. In summary they touch these points:

1. There is no simple description of the Hispanic Church.
2. Even Hispanic Lutherans are culturally rooted in the Spanish Roman Theology and Culture of the Conquest.
3. Hispanic Lutherans tend to uncritically accept the Anglo-North European analysis of Hispanic American religions.
4. Hispanic Lutherans are silently living the social sides of vulnerability over against the Anglo dominant secular and ecclesial culture.

III. An Hispanic Voice Speaks To An Anglo Church

Up to this point, rightly or wrongly, I have tried to speak as an observer. I've given some descriptions of the Anglo LCMS and some observations about the Hispanic church within our Lutheran context. Allow me to convey some reflections on a bit more practical basis as well as some words of advice to both the English-speaking Missouri Synod and to my Hispanic brothers and sisters. I hope we get a chance to talk about these. I certainly expect you to challenge me. I will try to build positions around key imperatives:

Celebrate! Listen! Count the Cost! Prepare To Be Blessed!

Celebrate!

Celebrate the Gospel as Lutherans. You wouldn't think that Lutherans would have to be reminded of this. The reality is, however, that the Hispanic Lutheran community looks to the

English speaking Lutheran community for some models of how to be Lutheran in the United States, and many times sees anything but a Lutheran witness to the Gospel, especially in worship. Because Lutheran Hispanics want to express their faith in accord with the Lutheran Confessions and with other Lutherans it is only right that we(and here again I will speak as one pretending to look at things from a Hispanic perspective) start with how the Confessions define the Church.

It is also taught among us that one holy Christian church will be and remain forever. This is the assembly of all believers among whom the Gospel is preached in its purity and the holy sacraments are administered according to the Gospel.

Good News Preached! Washed in the Baptism of our Lord! Fed by His Body and Blood!

Ultimately we define ourselves in the Christian community as these are mediated to us through the Holy Christian Church centered in the Eucharistic celebration. In a little work published by the Lutheran World Federation entitled *Relación Entre Culto Y Cultura* (The Relation Between Worship and Culture) Lutheran writers from around the world tried to answer what exactly was basic to the existence and identity of the Christian Church. They concluded that when you start with the ancient church of the second century (let's say with Justin), and work through the Reformation you have to have what is in Latin *orde* the order of the Eucharist, and that is constituted by
1. The Act of Congregating
2. The Word
3. The Meal
4. The Sending Out

These elements seemed to be present in the long trajectory of the liturgy. In this liturgy, naturally, there are certainly tensions: The liturgy must be

transcultural . . . that spans all cultures,
contextual . . . that speaks to the specific community,
counter cultural . . . that bears witness against the sins within the context and
intercultural . . . that brings cultures together.[11]

Certainly these tensions are always there in our liturgies. Word and Sacraments must be there tied together by the basic *orde*. There is great latitude available in music, word, architecture and forms, but the basic elements that respect these tensions must be there. Why do I mention this? I do not know how many times I have heard Hispanic Lutherans tell me, "Pastor, why are so many English congregations trying to be like Baptists or Pentecostals?" We became Lutherans because we wanted something of substance and our English congregations seem intent on not being who they are! Some years ago I decided to visit one of the English congregations that support our Hispanic missions. It was the Sunday after Easter. There was no name of Lutheran in the bulletin, no liturgy, no confession of sins and absolution, creed, mention of Easter, or Eucharist. Feigning an urgent need to use the restroom, I left after the first hour. I really did feel sick. Such reaction to someone's bad experience in a liturgical Lutheran church hardly should serve as a singular motive for developing a Lutheran sense of identity or mission. It is true, however, that Hispanic congregations are not helped in developing any sense of belonging to anything beyond themselves when the models being given by the Anglo church show a lack of any sense of Lutheran identity.

---

[11]Federación Luterana Mundial, *La Relación Entre Culto y Cultura* Ginebra, Suiza, 2000. Anita Stauffer, Editora. Ernesto Weigandt, Versión Castellana.

Good preaching is neither English or German or Hispanic. It is Christian. Properly baptizing with Word and Water is neither English or German or Hispanic. It is Christian. Proper celebration of the Lord's Supper is neither English or German or Hispanic. It is Christian.

Celebrate as Lutherans!

Listen!

Sometimes when we think of listening we are tempted to think that listening is a rather passive activity and that we really do not get anything done when we listen. We think that listening is not very useful. Nothing could be further from the truth. When in Psalm 46 we hear, *"Be still and know that I am God"* . . . we really are hearing revolutionary thoughts, for in that moment of silence, in that moment of quiet waiting, the man and woman of God is allowing himself/herself to become secondary to something else. The listener is the receiver instead of the source, the power, the origin. There are several voices coming out of the Hispanic Lutheran community that I would invite our Anglo brothers and sisters to hear.

Listen to our History

I have already mentioned the need to be much more sensitive to the individual histories of the different Latin populations in the United States. I will only mention here how incredibly important it is to get a glimpse of the difference between Puerto Rican, Mexican and Cuban relationships to the United States. This would seem to be obvious. The reality, however, is that in general the North American educational enterprise has tended to think in terms of East and West, European or Asian history rather than North and South. I won't go into greater detail on that today other than to state the obvious.

What I really want to point out in this exhortation to listen to the history is not so much the difference from nation to nation in Latin America, but rather the commonality that is so important to understand Hispanic history. That commonality embraces one certain outstanding theme:

All of Latin American history manifests the result of a violent evangelism which permeated all aspects of the indigenous American culture. A friend of mine teaches New Testament at one of our Synodical universities. He tells of a Bible study one evening with a group of university students, some from Latin America. It was Advent and the group was studying the Christmas Narrative. After the study one young lady from El Salvador came to him and said, "Professor, I find the Christmas story according to St. Matthew much more realistic and meaningful. My village was raided by the right wing militia by night. I know what it is to see cousins and uncles get carried off . . . never to be seen again. The slaughter of the Holy Innocents of Matthew speaks to me. Luke is too quiet...too peaceful!" Invasion, rape, a forced acceptance of a religious way, a violent evangelism virtually seared its way into the Latin cultural psyche. This was not a religious movement of rationalism that allowed a neat separation of the sacred from the secular, that allowed one to recede each year, decade, or century into an increasingly private, quiet, voluntary, individualistic separation and compartmentalization of our lives. The religious claims of the Conquest were inclusive of body, mind, soul, government, society, art. There were no little boxes here that you could not enter. The history of Latin America is a history of extremely powerful permeation of all areas of life. This is quite different from Anglo experience in which we have studiously found ways to keep everything separate. We glibly speak of no mixing of religion and politics, church and state, private and public, sacred and secular, or at least pretending it is not so.[12]

Listen to Hispanic Needs

I want to heighten the importance of this statement in the light of the first two sections of my presentation. The point here goes back to my description of the Hispanic Lutheran Christians as silent participants in the most vulnerable areas of life. I return to the call on the part of the Hispanic Church to the Anglo Lutheran community to listen to Hispanic needs as they relate to immigration reform, minimum wage protection and meaningful education, since even immigrants pay taxes which should go for education and health services. Some years ago a group of our Institute students spent a weekend in a Midwestern state–an agro industry stronghold–at the invitation of a Lutheran congregation. The Lutheran congregation wanted the students there to do evangelism visits and explore ways to establish Lutheran work with Hispanics. A couple of events really impressed me. First of all, all of the students (Concordia Seminary students) were checking with each other to make sure they had their documents in case the Migra stopped them; secondly, when students asked the Mexican workers there what their needs were, they heard this answer, "Help in organizing a union to protect our rights as workers. We have worked here for three, four or five years, years without any protection and no raises . . ." The problem was that members of the inviting congregation were some of the management of the food processing company. There was a radical disconnect here that went beyond simply bringing in a can

---

[12]An excellent commentary on the violent nature of the Conquest is available in both English and Spanish. *A Violent Evangelism...Evangelización Y Violencia....La Conquista de América,* Luis Rivera-Pagán, Editorial CEMI, 1991. *A Violent Evangelism*, Luis Rivera, (Kentucky: Westminster/John Knox Press, 1992.).

of food to prepare Thanksgiving baskets. This had to do with basic issues of justice and human rights and the call of the vulnerable for a ready hearing by the North American churched. We have to listen to the needs or evangelism will be worse than hollow.

Implications for Mission

1. One sees incredible surrender to faith in our Lutheran Hispanic members once convicted by the Law and assured by the Good News of the Gospel. The religious expression of the faith appears to me (my observation) to reflect the expectation of totality not usually experienced by the North European model. (I use the dedication of our students as the primary example)

2. Any attempt at mission on the part of the Anglo Church must assume that the Hispanic object of mission will expect Lutheran proclamation to touch all areas of life. Listening to Hispanic history must involve touching this holistic understanding of what the faith is all about, because for better or for worse, throughout Latin American history the encounter with Christian mission has been one in which total claims have been levied on the subjected. This means, therefore, that our mission efforts cannot limit themselves to finding a place for a few people to get together to sing Bible songs on Wednesday evening. Listening to Hispanic history for the sake of doing mission must hear the cries of suffering as a result of a violent evangelism. Even today Hispanics in the United States are subjected to abuse and human rights violation; unfortunately, often by sincere Christians who simply do not see the connection between social and economic structures which oppress and their own highly individualistic private religious expression of North American

Christianity. Listening to Hispanic history also has to include shouts of joy as one sees that Hispanics have found ways to give public expression of response that has permeated the social, cultural, economic and political totality of their lives while at the same time creating community.

Count The Cost!

When our Lord taught his disciples about the cost of discipleship or exhorted the rich young ruler by making demands for discipleship, He was simply underscoring what we all know deep down has to happen in order for anything worthwhile to be accomplished. The same applies to the dominant church's strategic calculation of counting the cost for effective participation in Hispanic Lutheran outreach. I would like to suggest that there are at least three areas of strategic consideration that must be considered to really touch this matter of counting the cost. I am not going to begin with dollars.

Count the Cost to the Theological Mind set

For decades we have prided ourselves on our ability to properly articulate historic Lutheran Confessional theology. There is a lot of safety in saying we are "confessional", "orthodox". Especially when we have lived comfortably within a closed theological system, even evangelism or church growth or church planting is really quite a safe project. We take what we know to be true and we tweak it, bend it a little, or touch it up a little bit, translate it into another language and play it on a guitar instead of a baroque pipe organ and everything comes out neat and tidy. This is not counting the cost in terms of theological mind set. True counting the cost of participation in Hispanic Lutheran outreach must involve actually being ready to have our own theological "safe areas" challenged, to become vulnerable to allowing ourselves to be changed by those to whom we minister; to dare to wonder if there might not be another valid area of Christian theological enquiry that goes beyond strict puncticular articulation of doctrine. Are we willing to admit that Christ was confessed in the Americas in the 16th, 17th 18th and 19th centuries before Walther was born? Are we ready to dare to sit down on a local level in Chicago, El Paso, Los Angeles, Miami and actually listen to what Hispanics mean when they speak about adoration of the Virgin or what a particular group of Hispanics in a particular place understand when they speak of a theology of the resurrection? What parts of Hispanic folk religion could we embrace or find worthy of our learning? Could we join with Roman Catholic and Protestant Hispanic theologians in giving a word of caution that tries to ameliorate excesses in popular religion? Is the Anglo Missouri Synod really ready to be changed by engaging theologically the Hispanic and Hispanic theological history? If the answer is "No" as a denomination or a theological system, then we might not want to begin, much less, continue.

Are we ready to count the cost in terms of how effective ministry to Hispanics might force us to change our church's administrative structure? Relevant ministry within a Lutheran Hispanic culture in the United States today means that there are some opportunities for mission which can be addressed locally on the congregation level. Other aspects of ministry can best be addressed regionally or from state to state. There are some aspects of ministry which must be addressed by the denomination. The LCMS really does not have this very well sorted out. The way the LCMS is structured here in the United States, and the way we have allowed ourselves to shift in the last fifteen or twenty years, is to allow ourselves to be led by the source of the funding. When a local congregation, circuit or mission society has decided it wants to start Hispanic ministry, it has received

Synodical or District approval as long as someone can pay the bills for awhile and maybe get something started. Districts have often been a part of that process. Sometimes the LCMS has been helpful in seeking Aid Association for Lutherans or Lutheran Brotherhood grants. Work has been blessed.

There is a sense, however, in which nothing has changed structurally in Ecclesiastical officialdom to address aspects of mission on a national or regional level which will ultimately determine if local ministry is effective. The Synod has not provided leadership in addressing the need for immigration reform, minimum wage for farm workers, national health insurance or bilingual education for Hispanic children. The most recent statistics are showing that the majority of children in many of our principal cities' public school systems are Hispanics. We seemingly have no formal way of addressing governmenal sins against human rights, racism or discrimination. If there is to be Law and Gospel proclamation as the mark of a Lutheran proclamation of the Gospel, then that Law must be articulated in ways that will drive us as a society to confess, "God be merciful to me a sinner." There are some situations in which the national church body must speak. Doing so relevantly might mean revising synodical structure how we organize ourselves to do that. How might this take place?

1. Insisting that there be a higher ethnic presence in our national and district church offices. Out of sight, out of mind is really our motto. Ethnic makeup of our administrative staffs should reflect proportionately what we want to be, not what we are.

2. Our Synod must move Human Care Ministries away from an almost exclusive disaster relief or community development role to one much more involved in advocacy in the name of

human rights as it applies to proper proclamation of the Law to our society. This most certainly would involve structural change.

Either of these suggestions would involve counting the cost. In essence, the Anglo-English speaking church would be saying, "We really want to do ministry and we know that to do that we must pay the price in changing our administrative corporate structures and not be so docile in an increasingly dehumanized world."

Counting The Cost In Dollars and Cents. This is perhaps the most easily addressed. Our Synod has thousands of generous Christians who give of their fiscal resources to carry on Gospel proclamation. Especially on local levels, where local needs are recognized there seems to be a willingness to count the cost of mission, at least for a time. I mention that "for a time" however on the basis of my own experience. That is that over the last 37 years in ministry I have noticed that local congregations have about a five year life span on particular projects. Pastors come and go, mission committees come and go, interest in local projects ebbs and flows over this five-year period. Congregations often expect results before those results can begin to be expected. Counting the cost of mission on a local level must mean very serious conversation about a long term commitment; not dependence forever, but a serious question as to how the local group is ready to support mission for a considerable period of time. This brings about the next question about the district and denominational levels of support.

The districts and synod should exist to do what the local congregations cannot carry out on their own. This might mean picking up long term support when local resources wane. This means much greater investment in intentional development of Hispanic work and workers. Our Synod as denomination currently spends no money on theological education of Hispanic pastors or workers, publication of Spanish language materials or scholarship help for minority students involved in church vocations. Serious "counting the cost" of Hispanic ministry on a national and district level might really mean admitting that the future of Lutheran existence in many cities means finding a way to evangelize and be evangelized, to change and be changed by Hispanics. In the name of the Gospel and in the name of survival, a radical re-ordering of funding must take place.

Prepare To Be Blessed!

In 1516 a British philosopher named Thomas More (1478-1535) wrote a book entitled *Utopia*. By means of this book More helped to instill in the minds of Europeans of his day a dream of the possibility of a better world, of progress toward a better future; in a sense, the logical end of the new age of humanism that was circulating in Europe. One of the spinoffs of this *utopianism* was a viewing of the age of exploration as a completion of More's utopia. When the *conquistadores* spoke of a New World, there was a sense in which they really meant that. They saw gentle, naked, indigenous people and concluded that they literally had discovered a type of new Eden. This was a new world. They saw this as a new way to start over; a paradise with a new people. This was a new life emerging from a tired, sick and overpopulated Europe. Many of the writers of this time, even the discoverers themselves, write glowing descriptions of their findings. The indigenous person became the innocent, noble savage, a throwback to Adam and Eve in the Garden.

I mention this reality at this time to temper any overly optimistic prediction of success or abundant harvest of blessings that the sending or partner church might want to predict as a result of ministry with Hispanics in the United States. I could stand here today as a sort of missiological cheerleader and tell all of you why there is so much to be gained and blessings to be celebrated in Hispanic Lutheran missions as though one could almost get to a sort of *Utopia*. I want to stay away from that, however, and address this expectation of blessings on more practical and theological terms. Here I am going to rely rather heavily on my own experience and reflection; again, it is probably a bit dangerous to do so.

The Anglo Lutheran community can expect to receive blessing as it enters the Hispanic community because it will be witnessing to the Gospel. It will be active in proclamation. It can also expect to receive blessings as it enters the Hispanic community because it is receiving the Gospel. You see, what I am stressing here is the two-way street of ministry in the Hispanic community. LCMS Hispanic missions have a great message to proclaim because we preach the Gospel. We give good news to people with guilt and with many problems in their lives. We give hope to the third and fourth generation Mexican American who is still discriminated against for being who she is even though her great great great grandfather welcomed the first Anglos to Texas. We give Good News to the abused female Los Angeles textile worker who wonders who will finally accept her. We announce God's love and acceptance for her even in her anger. For the Hispanic teenager seeking some sense of identity we offer a community in Christ (simply by God's grace) without having to earn that. We announce forgiveness to the Cuban American who still feels guilty because he feels he has left mother or father behind at the whims of the dictatorship. We offer the unadorned announcement of forgiveness in Jesus Christ. We have a message.

As individuals we have very much to receive and learn, especially from the unguarded side of Hispanic life. Dr. González has mentioned in various articles and books that for the Hispanic there is no squeaky clean genealogy "we all have skeletons in our closets." This sort of unguarded willingness to be opened up and to "come clean" with a certain totality, for good or for evil is very desperately needed in the Anglo Christian community. I mentioned previously my own experience of being with Hispanics in prayer and how nothing is "off limits" and how so much can be placed into the hands of God and that this openness is greatly needed in the Anglo Church. I mention these as only a few personal benefits of the two-way street of meaningful ministry with Hispanics.

There is also a structural, institutional, theological way in which the Lutheran Church-Missouri Synod can expect blessings if it allows itself to be witnessed to and evangelized by the Hispanic Christian community. Our Anglo community is tearing itself apart. For years, and especially these last two years, we have become almost completely self-absorbed in the theological exercise of properly articulating doctrine in the finest tradition of North European western theological thought and linguistic constructs. The problem is that we are about to choke to death on our doctrinal articulation. It is not that words are not important. It is just that we have gone about as far as we can go. Here I would invite our Anglo church to think about the alternative, to capture the brilliance of the Hispanic soul; the poetic, the visual, the mystical church surging out of the Americas; the Church that drinks in color, that loves the procession, that works at creating community out of the depths of the tragedy of economic exploitation or urban violence; the Church that celebrates the festival of the birth of the Babe from the womb of Mary, Mother of God. We can learn from the Hispanic community of the faithful, the Church that often weeps instead of saying words. We can use that sense of fiesta and of pilgrimage. Could we dare to invite our Anglo brothers and sisters to walk with us from St. Louis to Chicago or Mequon or Minneapolis as a pilgrimage of reconciliation? Could we invite them to be vulnerable and to be yelled at, honked at, to show vulnerability and yet create community? I have spoken partially out of my experience within the Hispanic Lutheran community. **Celebrate! Listen! Count The Cost! and Prepare for Blessings!**

IV. Some Words To The Hispanic Church

Now I want to attempt the most difficult aspect of my presentation. I want to venture some suggestions to our Lutheran Hispanic congregations as to possible avenues for ministry while taking into account some of the themes I have touched on today. As you will probably want to point out in our later discussion, there are many, many more things to be said. I have chosen five

1. *Celebrate The Word Made Flesh For Us*
   Let us suppose for a few moments that what many Hispanic scholars who have observed aspects of Latin culture and religious expression say is true; i.e., that the type of cultural expression of the Christian faith among Hispanics embraces the sense of ritual, the sense for the traditional and symbolic action for expressions of joy and sorrow, for giving meaning to events of life, for creating community and supporting it, allowing the individual to embrace Truth without fully understanding it. Just suppose that this observation is only 30 or 40 or 50 % true. What would be the implications for ministry? Here I would make some suggestions which I hope you would debate vigorously.

If this is true, then our ministry would not begin with study groups or evening Bible study or a lot of pretty intellectual exercises, but rather we would begin our assimilating process with celebration by inviting the worshipping community to approach the intellectual content by way of practice in worship rather than by beginning with a full indoctrination program prior to participation. Here those voices of liturgical renewal or restoration within the English Lutheran church might have a great deal to say, *lex orandi...lex credendi*. We practice our way into right teaching especially in the Hispanic context by right worship, not the other way around. We might find ways to allow the worshiper to receive the Eucharist before membership by embracing the Truth without fully understanding it. Does that mean we are any less educationally oriented or that we want to minimize Bible study? Not at all!

It rather means that as the one who worships, joins in processions, sings, drinks in the beauty of the mystical (the color of the beauty of the sanctuary or the beauty of the street in the procession) as he or she celebrates the presence of God in Jesus Christ in our midst through the painted image and sculpture or touches the water of baptism and rejoices in music which serves as vehicle for carrying the Word, growth can take place. Such attention to encarnational detail in worship could ultimately lead to good doctrine.

In purest practical terms this means at least the following:

1. We start with practicing good worship. The officiant plans the worship so that there is a maximum of visual, audio and tactile stimulation. We encourage our children and adults to practice painting, textile, sculpture, wood

carving and the new electronic arts to express themselves. Through the visual, the worship area is adorned. We become more conscious of architecture and gardening. The music is rich and expansive and there are smells: smells of water, bread and wine. There is participation in procession and celebration. There is a sense of community with one another and through the historic Mass there is the continuity with all the saints. We open our worship and our processions to the broadest possible range of participants as soon as possible, trusting God to use us to clarify the very necessary doctrinal content as soon as possible, but definitely not making full participation contingent upon articulation of truths.

2. We critically evaluate possible negative influences of the Protestantizing processes of the Anglo Lutheran church as they affect and deculturize Hispanic worshipers. Do Hispanic worshipers really want worship to become increasingly Protestant as it affirms individualism, as it moves the worshiper away from community participation and more toward watching entertainment? Should Hispanic worship be so programmed that it is always seeking the intellectual, word-oriented expression of the Christian faith in such sometimes sterile settings as auditoriums without images or grandeur, with the smells and chairs of a movie theater rather than the house of God, with only the beauty of black amplifiers and hand-held mikes, men and women dressed in the latest Hollywood styles or their imitations, all devoid of vestment, mystery and beauty?

God became man and dwelt among us. He dwells among us now. In so doing we allow Him to work with us in our cultures. We allow Him to change us as we are changed by so much around us. At the same time, we allow Him to come to us through cultural vehicles which do reflect and respect Hispanic culture. We must especially cultivate this focus on worship as response of the whole man to God's love for us in the God-man Jesus Christ; not only the intellect. As the Christian body, we must preserve and create community as opposed to so much of North American Christian expression that seems to put so much focus on the spiritual comfort of the individual.

2. *Search The Scriptures*

Although I began this section by making celebration of God for us in Jesus Christ as my first point of departure, even going so far as to invite you to lead your people into a study of Scripture out of the context of worship rather than the other way around, now I want to invite you to concentrate on leading your people into a deep study of the Holy Scriptures. I will go so far as to invite you to read the Bible as Hispanics. Over the years Dr. González has told us what he means by "reading the Bible in Spanish." I want to stress this once again simply because our educational processes (especially in what was considered Biblical exegesis) of the greater part of the last century always presupposed that the Scriptures were culturally neutral and that the context of the reader was rather unimportant. The premise was that if we studied a text enough we would always arrive at the final meaning of that text regardless of where we came from. Both within and without our denomination in the last 20 years there have been voices constantly telling us to take the context of the reader into consideration.[13] Let me give you an example that those of you who have taken my course on Introduction to

---

[13] I have found *What Does This Mean? Principles of Biblical Interpretation in the Post-Modern World,* CPH, 1995, by James Voelz, particularly helpful in capturing the importance of understanding the world of the listener as he/she interprets the Scriptures.

Hermeneutics will remember. Just for a moment let us suppose that we are studying Matthew 20, the parable of the generous steward who calls workers to go into the fields at different times of the day, but at the end of the day pays them all an equal amount according to his generous spirit. Imagine that you are a factory steward. Where would you see yourself in this parable? Suppose that you are a U.S. Mexican-American with a union-contracted job that included a medical plan that took you many years to get working on this side of the border in the textile industry. Now you see some new, undocumented immigrant coming into your shop next week. Will you look at this parable from a different point of view as either the management or the undocumented worker? Or suppose you are an undocumented Mexican farm worker waiting on the corner there in Anaheim not very far from Disneyland where you know that you are going to get picked up for a good day's work. When you are finally picked up at the last minute but are paid the whole day's wage, will you see the parable in a different light based on your unique point of reference? I do not want to say that the truths of Scripture are all relative, but I do want to insist that you and I will be reading Scriptures from our own contexts and that it is important that you affirm that as you read and study the Scriptures. In other words, "Don't let the Anglo church bring the only set of questions to the text."

3. *Know Your People*

In part two of my presentation I tried to describe the makeup of the Hispanic Lutheran communities here in the U.S. You will recall that I used the example of how from coast to coast or from North to South there was great diversity. I used the example of the way even Hispanics from different parts of the country have developed loyalty to different football teams of the NFL. I want to explore that analogy a bit more by focusing on two sides of that example. The first side is this: that example is narrative for much of what happens in the U.S.; namely, that the dominant culture is always working on us and drawing us all into some of the cultural levelers such as sports and music. We all buy at Home Depot, eat at McDonalds and even Taco Bell. It is quite obvious that assimilation is a process always taking place. We could easily say, therefore, that really there are not so many differences because we do this and this and that the same way.

I want to stress here that within the Hispanic church you have to take the deep meanings behind and in each Hispanic culture seriously. The fact that you are Puerto Rican and speak Spanish does not mean that you will automatically be effective with Mexicans recently arrived from Mexico or with Cubans who arrived in Miami in 1960. Common language in this case should only be the tool by which you are uniquely equipped to understand how Mexican religious history is really quite different from Puerto Rican.

You also will remember how I stressed that the Spanish Conquest was a very integrated sacred-secular conquest. The conquistador was both openly saint and sinner, and the colonial period was not a political-economic reality divorced from the spiritual. The violent evangelism was an all-encompassing process. Consequently you, too, have to study that to understand why the people that you are serving respond the way they do. Chances are that they came to this country or their grandparents did as very integrated people. They did not see the sacred and the secular divided. There was no conflict between them then, when César Chavez marched in the grape vineyard behind the Virgin of Guadalupe or the Mexican-American community marches in Pilsen on Good Friday, not just remembering the death of Our

Lord but the deaths of the young child gang members in the streets of Chicago. Knowing something of Hispanic history will help you understand why the Puerto Ricans of the North Side will process in the Logan Square area on Día de los Reyes (Epiphany, Three Kings Day) while at the same time also addressing their economic and political conditions. You have to study this as much as I do so that you can understand that very deeply in Hispanic culture there is a religious-spiritual point to everything. There might be a difference from barrio to barrio or community to community. Along with this comes the exhortation to do as much as you can to identify with that community. That may mean reading about, understanding and speaking with the people about the Virgin of Guadalupe or the Via Crucis. We have to understand what they are understanding before we rush in with a Lutheran answer to what might not have been the question in the first place.

4. *Teach The Church*

    Your congregation and you as an individual have remarkable resources to carry out teaching ministries with Hispanics in the United States today. I want to underscore that in this part of my counsel to the Hispanic Lutheran church. Perhaps you have heard discussions about what part of Matthew 28 is the most important......*going, teaching, baptizing, or teaching after baptism.* I know that many of you, precisely because you are laboring in subsidized ministries feel constant pressure to grow, to (in a sense) be "going". Consequently you spend a lot of time visiting, organizing ESL or all forms of social ministries to make contacts with people, and by my observation you do remarkable jobs in so many aspects of outreach.

    Unfortunately, I have also observed that many times you get

so busy in all of the outreach activities that just plain teaching the church gets left behind. There is no serious education hour or hours each week. That need not be and need not happen. Today there is a lot of good material to use; the Bible Societies have wide varieties of Bibles and children's materials. Concordia Publishing House has produced wonderful bilingual Sunday School and VBS in Spanish for our Spanish-speaking children. The Lutheran Hour and the Lutheran Women's Missionionary League have prepared extensive devotional and Bible study courses. We have hymnals, new sermon helps on the lectionaries and even the new video and DVD courses produced by the Institute. The Wisconsin Synod and the Evangelical Lutheran Church in America both have comparable menus of diverse educational materials for young and old alike. You have to look for the materials and buy them. Publishing houses run on selling books. We have to continue to support the publication of new materials by buying them once they come out so that there is new capital to continue course development. A lack of materials is simply non-existent. There are fine Lutheran materials waiting for you. Use them to develop the leaders that you need for both today and tomorrow.

5. *Speak The Truth In Love*

Finally I would urge you to speak the Good News to one another and to the whole Christian Church with love in a spirit of firmness, yet gentleness.

Speak the Good News to One Another. This means that we have to be constantly working on a very local level to listen to and speak to the people around us. For many years the Speaker of the House of Representatives of the Congress of the United States was Tip O'Neill. He came out of the Irish

Catholic community of Boston. He always said, "Ultimately all politics is local." What he meant was that you could talk about the national party or the best interests of the nation, but ultimately you had to get things done on quite a local level. A good deal of what Mr. O'Neill said about politics applies to theology. We always have to be "doing" theology on the local level. We have to let the Good News be good news at the right moment at the right place where it is going to have some meaning. Eugene Lowrey, a famous Methodist preacher says it in a very real sense: "You can only scratch where it itches." We have to be sensitive to where the itch is in a particular place at a particular time. We have to be observing how sin and the devil come at us in one place in one way and another way in another place. And, believe it or not, this is very Lutheran. The Preface to the Augsburg Confession shows that the 16th century Lutherans were extremely conscious of where they were and what the socio-political situations of their environment were. It was signed by German princes in the name of and for the benefit of people they governed. The Augsburg Confession was written in both Latin and German. On the one hand it could appeal to the Church universal. Yet, the document was written in German so that it could communicate to the German nation. What could such a statement about the local articulation of the Gospel mean in practice?

Simply put it means that there may be times in which it could be more important for you to insist on serving the needs of your local Hispanic brothers and sisters in a way that truly serves them than to try to satisfy the Anglo Lutheran community with its practices and polity. My experience in dozens and dozens of meetings with Hispanic pastors, teachers and administrators of ELCA, for example, is that in many ways we get along with, understand, and even speak theology together more than we do with our respective Anglo churches. We must not allow the Anglo thought processes that have brought so much sadness and division to the North America proclamation of the Gospel suck our small Hispanic churches into a North American quagmire of confrontation, especially where we isolate our small congregations from the wider Hispanic community and even from other Christian denominations. And not only do we have to take this exhortation seriously and go ahead and do what is right at a particular place at a particular time, but rather be so bold as to tell it to the larger Church in a spirit of brother/sisterhood love, not in a spirit of defiance.

The Anglo Church of the LCMS desperately needs the life, witness, color and celebration of the Hispanic church. It desperately needs your verbal witness to call it back from racism, secularism and individualism. It needs to hear you call out for justice and equality for revised immigration laws, better education for farm workers' children, health care and safe housing. It needs your voice in all of these areas because unfortunately it has become so old, tired and wealthy that it has lost its own prophetic voice. With the exception of the tragedy of abortion, our denomination has not spoken prophetically on any significant social issue for over a generation. We desperately need the voice of the Hispanic vulnerable to call us back to a true consideration of the sins of our modern world and how the Good News of Jesus for us can bring healing and new life.

Speak the truth in love because the Church at large needs your celebration .

If it is true that poetry and music and art move the human being beyond what we can easily explain, and if, in fact, the poem, the painting, the statue are able to draw us beyond what we can clearly analyze and launch us into worlds of what can never be explained and can move our imaginations to grasp what logic cannot,

THEN the Hispanic church, if it is faithful to its culture and its history, to its wonderful melding of the sacred and secular, to its faithful acceptance of the miracle of God's love in the Christ born of Mary without complete analysis and polished articulation,

THEN it can be a beacon of hope for a denomination that seemingly has lost a sense of wonder, that has lost imagination at the unfathomable miracle, a denomination lost in bylaws, a denomination which, unfortunately, is quite frankly in danger of being lost.

If through our feasts and procession and celebration with all of the noise and beauty and color and movement and food and fellowship and acceptance of the gospel there can be a ray of hope beamed back to the Anglo church,

THEN all the efforts of the Saints living and dead who have toiled so thanklessly over so many years in the Hispanic church will have come full circle. Hispanics once thought to be the objects of mission, will actually re-assert what you have been as a part of God's saving action: actors to those of us (Anglos) who always thought of ourselves as the actors, but who now must once again acknowledge dependence on a saving God who knows our real needs and fills those needs in Jesus Christ. He Is Risen! Come to the River of Living Water!

**Primera Convención Nacional Hispana de la
Iglesia Luterana-Sínodo de Missouri.
Los Angeles, California
Agosto 4, 2003.**

**Reflexión/Discusión del Rev. Aurelio Magariño
al discurso clave del día:
"Bajo la Cruz de Cristo: Hoy" del Rev. Dr. Douglas Groll.**

I. **Introducción:** Primero que todo quiero dar las gracias al Señor y al Comité Organizador de este histórico evento por la oportunidad y el honor inmerecido al ser invitado junto a este distinguido grupo de presentadores cuyos pasos no son nada fáciles de seguir para facilitar la reflexión y discusión en respuesta al discurso clave de hoy: **"Bajo la cruz de Cristo: Hoy."** Dicho sea de paso si mi trabajo no logra llenar sus expectativas ya sabemos a quienes vamos a responsabilizar.

   A. Mi meta en esta presentación es provocar un diálogo franco, abierto e incisivo que nos ayude y motive a mirar el presente de nuestra iglesia, pero no como una carga forzosa que tenemos que llevar sino como un desafío y una oportunidad de vivir nuestra fe de una manera más auténtica y digna de nuestro llamado.

   B. Dentro de las numerosas oportunidades que el tema presentado ofrece para reflexión y discusión voy a centrar la presentación en aquellos puntos donde mi humilde entendimiento y experiencia dicen requerir una atención mayor dentro del contexto misional al pueblo hispano. En especial quiero concentrarme en los asuntos relacionados con la obra social y la necesidad que tiene nuestra denominación de apreciar y conocer de una manera más objetiva las necesidades y aspiraciones del pueblo hispano de los Estados Unidos. Aparejado a esto hablaré acerca de los recursos que contamos como Iglesia para entrar en un proceso de reflexión y cambio.

C. Como comprenderán esta no es una tarea fácil. Está limitada por la propia amplitud del tema, el poco tiempo que tenemos para dedicarle y sobre todo porque implica señalar de una manera clara y objetiva los factores positivos y negativos relacionados con la labor de la Iglesia. Al enfrentarme a esta tarea también reconozco mis propias limitaciones y prejuicios que puedan impedir el ejercicio de la misma. Desde el punto de vista personal quiero hacer las siguientes aclaraciones:

1. La Iglesia Luterana-Sínodo de Missouri (ILSM) es una iglesia a la que he aprendido a amar desde los primeros momentos de mi relación con ella. Siento una profunda admiración y respeto por su teología, historia misional y logros educacionales. Creo que dentro de ella he aprendido mucho más de lo que esperaba como discípulo de Cristo y ha sido ella la que me ha dado la gran oportunidad de vivir mi vocación cristiana como ministro ordenado de la misma.

2. Pero a la vez, siento un profundo dolor y angustia cuando veo con tristeza que la ILSM en las últimas tres décadas ha estado experimentando una pérdida continua en su membresía, lo cual es un indicador muy claro de otros males profundos que nos aquejan como denominación cristiana.

3. Hay que destacar el planteamiento del Dr. Jack Preus: ***nuestra denominación necesita un cambio radical.***

4. Reconozco que dentro de la ILSM hay hombres y mujeres de todas las razas que siguen siendo sal y luz en este mundo.

II. **Evaluación de la ponencia:** En particular creo que el Dr. Groll ha sido objetivo y valiente en su evaluación de las realidades que la Iglesia Hispana experimenta dentro de nuestra denominación. Cuando leí la ponencia por primera vez renació en mí la esperanza de que algún día nuestra denominación pueda comprender las necesidades y aspiraciones de nuestro pueblo y hacerse eco de las mismas.

A. Entre los puntos esenciales y claves para una articulación más apropiada de estrategias misionales dentro del contexto hispano me atrevo a señalar los siguientes:

1. Dentro de nuestras estructuras directivas donde se toman las decisiones claves para la misión a los hispanos existe un desconocimiento abismal o falta de interés en conocer las condiciones socio-económicas que afectan a la comunidad hispana de los Estados Unidos. Esto se manifiesta en diferentes maneras. Por ejemplo, no existe dentro de nuestra Iglesia una voz que denuncie los abusos, atropellos, discriminación y marginalización que sufren los latinos en los Estados Unidos. Cuando otros hermanos cristianos a nivel oficial han llamado la atención tanto a nivel local, regional y aun nacional a la situación o situaciones opresivas en que vive nuestra gente, nuestra Iglesia jamás se ha unido a esas voces proféticas de protesta.

El ejemplo clásico dentro de mi limitada experiencia lo

constituye la Ley de Reforma Inmigratoria aprobada por el congreso norteamericano en el año 1996. Es una ley motivada por el prejuicio racial en respuesta a la creciente ola de inmigración hispana. Es una ley que aun pone en peligro el status inmigratorio de los residentes permanentes en esta nación. Es una ley que amplió el número de categorías que hacen que un individuo aun con un status legal pueda ser deportado. Es una ley que ha sido aplicada en mayor medida a personas hispanas. No se oye hablar de redadas de inmigración en contra de inmigrantes ilegales europeos. La migra va a los lugares donde los latinos trabajan y viven. Aquí por supuesto incluimos a los hermanos asiáticos y de raza negra. Raramente en mi relación con estos temas he escuchado que un inglés o irlandés viviendo en los Estados Unidos ilegalmente haya sido deportado por el INS. En más de una ocasión la Iglesia Católica Romana y aun la ELCA han denunciado el carácter racista de dicha legislación.

No denunciamos los abusos policíacos y acosos que sufrimos por ser latinos. En muchos casos los agentes de policía ni siquiera han respetado nuestro cuello clerical. Ser latino en muchos lugares de esta gran nación es una invitación al acoso policial e inmigratorio. Si la ILSM tiene un compromiso genuino con la expansión del Reino de Dios dentro de la comunidad hispana de los Estados Unidos le tiene que prestar atención seria a los grandes problemas sociales que afectan a nuestro pueblo. Esto tiene un precedente muy poderoso en la Sagrada Escritura. Los evangelios nos enseñan claramente que Jesús ministró de una manera integral a las personas que venían en busca de su ayuda. Los grandes milagros están asociados con soluciones a problemas muy humanos:

hambre, sed, necesidad de aceptación, liberación de la culpa. El Evangelio de Jesucristo es un mensaje radical que afecta al ser humano en toda su integridad. Y el Reino de Dios vino en Jesús de Nazaret a la tierra y fue testificado por él en la manera en que él ministró a cada necesidad humana.

2. Muchas veces creemos que los problemas se resuelven distribuyendo una caja de comida o dando un seminario sobre como comprar una casa. Pero las necesidades de nuestro pueblo en este orden necesitan de una denominación que establezca una pastoral de acompañamiento con el pueblo. Esto ha sido implementado en el pasado por el obispo salvadoreño Medardo Gómez cuando de manera valiente denunció los abusos de la derecha en contra de sus compatriotas. Un elemento importante de la vida bajo la cruz es el elemento de la solidaridad y empatía con el que sufre. San Pablo dijo, *lloremos con el que llora, riamos con el que ríe.* En su desarrollo de la teología de los dones del Espíritu Santo, San Pablo dijo que *cuando un miembro del cuerpo sufre todo el cuerpo sufre.* Personalmente sufro al ver la indiferencia y la apatía con que gran parte de nuestra iglesia percibe los problemas de nuestro pueblo. Hay una indiferencia total hacia el sufrimiento de nuestro pueblo. Y con nuestro silencio hay complicidad con el resto de la sociedad para mantener a gran parte de nuestro pueblo alienado y marginado. Aquí todos compartimos la responsabilidad. Me pregunto: ¿Acaso no es el sufrimiento del pueblo hispano en los Estados Unidos una razón para que reflexionemos con seriedad acerca de nuestra vocación cristiana? No estoy hablando aquí de medidas que puedan ser políticamente correctas. Estoy

hablando aquí de la renovación de nuestro compromiso de ser fieles a nuestra vocación cristiana. ¿Acaso las estadísticas que nos hablan de una denominación en un proceso de decadencia creciente no son lo suficientemente alarmante que puedan provocar una reflexión seria acerca de nuestras estrategias misionales?

¿Cree la ILSM que sin una estrategia misional que tome en cuentas las condiciones socioeconómicas de nuestro pueblo será capaz de realizar una obra misional efectiva entre los hispanos de los Estados Unidos?

¿Puede acaso la ILSM darse el lujo de ignorar a la minoría étnica de mayor crecimiento en nuestro país sin sufrir consecuencias como denominación cristiana?

Por muchos años en esta nación de manera intencional se ha ignorado la presencia hispana. Si la ILSM continua manteniendo la misma postura que el resto de la sociedad entonces la posibilidad de crecimiento numérico, espiritual y en todos los órdenes será afectada negativamente. Es mi tesis que la ILSM debe enfocar serios esfuerzos en alcanzar a los grupos étnicos en los Estados Unidos si desea salir de su estado de decadencia presente.

3. Al no comprender correctamente el contexto de vida de nuestro pueblo, no se colocan los recursos necesarios para hacer la obra misional de una forma más efectiva. El compromiso debe ser apoyado o afirmado con una contribución monetaria y de otros tipos de recursos que permita un desarrollo más consistente del campo misional. Parte del problema presente en nuestra iglesia es

la desinformación acerca de los recursos disponibles y la manera en que estos se distribuyen. Esta manera de funcionar está influenciada por el estereotipo del hispano como consumidor incapaz de proveer .

Aunque hay algo de verdad en esto, esto es un mito fuera de contexto. Como en cualquier otra situación un creyente de origen latino entrenado correctamente en las verdades bíblicas de la mayordomía cristiana puede ser un proveedor. Este asunto de la mayordomía en las iglesias hispanas requiere su propia atención aunque es un tema que creí apropiado mencionar aquí.

4. La falta de representación adecuada dentro de la Iglesia es un síntoma de la necesidad de un compromiso más serio. Es impensable e inaceptable que no exista la posición de Consejero/Facilitador para los ministerios hispanos a nivel nacional.

B. El análisis del pasado y del presente nos permite concluir que la ILSM necesita un cambio profundo. Propongo como punto de partida de la renovación necesaria el regreso a la tradición teológica y misional que otrora hiciera posible que la ILSM fuera una denominacion admirada y respetada por su obra misional. ¿Qué quiero decir con esto?

1. Primero que todo muchas congregaciones se han apropiado de la teología de la gloria prevalente en el evangelicalismo norteamericano. Las influencias del mismo han causado confusión entre los luteranos con respecto a nuestra propia identidad. Dentro de este marco se ha abrazado la concepción falsa de que la abundancia de los bienes materiales es una señal del favor divino. Sin

embargo hay muchas sectas que también disfrutan de prosperidad material aun negando los principios elementales de la fe cristiana tales como la centralidad de la persona y obra expiatoria de nuestro Señor y Salvador Jesucristo. En muchas circunstancias los cristianos luteranos están más interesados en preservar el estilo de vida americano que promulgar las Buenas Nuevas de salvación. Esto por supuesto limita el ministerio profético de la Iglesia. No es un fenómeno nuevo pero peligroso para la misión de la Iglesia. Dondequiera que la Iglesia ha servido los intereses del estado ha tenido problemas denunciando las injusticias sociales como parte de su ministerio profético hacia la sociedad. De hecho los pastores y líderes que han sido capaces de ser voces proféticas en medio nuestro, han sufrido en algunos casos serias consecuencias. No es raro que las congregaciones despidan a pastores y líderes que han denunciado la apatía y la indiferencia prevalente en la gran mayoría de nuestras congregaciones. Hay que regresar a la centralidad de la *teología de la cruz* tal y como la promulgó Martín Lutero. En mis días de seminarista un profesor hoy retirado insistía que había que leer a Walther, y es cierto, pero junto a Walther hay que leer a Lutero quien con su sagacidad contemporánea nos puede ayudar a recobrar la pasión y la valentía, ingredientes esenciales en la obra del ministerio y hoy ausentes de la Iglesia. El luteranismo del siglo XVI era un movimiento que requería aun la entrega de la propia vida. Los reformadores entendieron el significado de vivir bajo la cruz, fortalecidos en las promesas del Evangelio y conocieron en carne propia lo que la Escritura dice: *El que quiera ganar su vida la perderá, pero el que la perdiere por causa de mi nombre la ganará".*

2. Nuestra Iglesia con las glorias ha perdido su memoria. Hoy muchos alegan que no saben hacer evangelismo, que no saben hacer la obra social entre los grupos minoritarios. Pero si vamos a los archivos del Instituto de Historia Concordia veremos allí documentados el celo y la disposición a vivir bajo la cruz que hizo posible el crecimiento de nuestro denominación en la primera mitad del siglo pasado. La diferencia es que hoy día la inmigración que contribuyó al crecimiento de nuestra denominación en la primera mitad del siglo XX no viene del Norte de Europa sino del Sur del Río Grande. La historia misional pasada del Sínodo de Missouri tiene hermosas páginas escritas con el sudor y el sacrificio de hombres y mujeres que fueron fieles al llamado de Cristo de vivir bajo la Cruz. Hay lindas lecciones de coraje y entrega que pueden servir de estímulo a nuestra denominación para una renovación espiritual que nos permita como iglesia de Dios ser más efectivos en nuestra obra misionera al pueblo hispano de los Estados Unidos.

3. Dentro de nuestra propia teología encontramos los recursos para comprender mejor la polaridad y ambivalencia con que los latinos nos relacionamos con la iglesia. La teología luterana habla de tensiones: pecado-gracia, muerte-vida, cielo-infierno, dice que somos santos y pecadores a la vez. Principio clásico para una comprensión correcta de la Palabra de verdad: Ley y Evangelio. Como luteranos no somos desconocedores del esto y aquello, pero nos falta hoy día el fuego y la pasión del Espíritu Santo para retomar con seriedad los recursos que tenemos y ponerlos a disposición de la misión de Dios de una manera más integral.

III. Consejos prácticos.

A. A pesar de que el presente es de luchas y tensiones tenemos que reconocer como de parte de la ambivalencia y polaridad con que la iglesia se relaciona con el pueblo hispano, dentro de la ILSM hay un remanente fiel en cada congregación, circuito y distrito que hacen posible la misión a nuestro pueblo. Reconocemos que hay grandes barreras levantadas por factores culturales, raciales, ignorancia, apatía y otras causas que provocan una resistencia a los cambios que puedan ser causados por la presencia hispana dentro de nuestra Iglesia. Por supuesto, todos nos frustramos y sufrimos a causa de todo ello. Sin embargo, como hombres y mujeres redimidos y transformados por la cruz de Cristo sabemos que el poder para vencer las dificultades no está en nosotros sino en *aquel que nos amó y se dió a sí mismo por cada uno de nosotros.*

B. Desde el punto de vista práctico le invito a que se una a aquellos que apoyan su trabajo. No invierta todas sus energías en cambiarle la mente a sus antagonistas y opositores. Ore por ellos, ámelos, pero invierta su tiempo y su energía en los hombres y mujeres del remanente fiel.

   i. Cada tropiezo que hallamos en nuestro caminar son ocasiones para crecer.

   ii. Muévase desde una dinámica de dependencia hacia una de interdependencia. Aprenda a trabajar dentro del sistema. Estudie, supérese, ore, escudriñe las Sagradas Escrituras. Trate de ser creativo y permita que el Espíritu Santo obre en su vida creyendo que Ud. puede ser usado para grandes cosas dentro del Reino de Dios.

Tenga una visión amplia y grande de lo que será su ministerio. Trasmitamos a nuestro pueblo el mensaje de la fe con optimismo, creyendo que la aplicación diaria de la cruz a nuestras vidas traerá como consecuencia una contribución significativa a la vida de nuestro pueblo y de nuestra denominación.

iii. Parte de nuestro ministerio dentro de la ILSM es ser puente entre las dos culturas. Aproveche las oportunidades formales e informales para educar y contribuir a un mejor entendimiento de quienes somos como hispanos viviendo en los Estados Unidos. Esta es una tarea hermosa, y a la vez es un gran desafío.

iv. No tenga temor de hablar la verdad en amor y con valor.

v. Aprendamos como pueblo hispano de los Estados Unidos de una gran diversidad cultural a vivir bajo el emblema de la cruz. No renunciemos a lo que somos como mexicanos, cubanos, panameños, peruanos, puertorriqueños, pero nuestro enfoque como cuerpo de Cristo es contribuir a la unidad que nos permita ser una voz profética fuerte dentro de nuestra denominación. Cerremos filas como un solo cuerpo unidos al resto de nuestra denominación con aquellos que aun viven bajo el poder de la cruz, y aman y sirven a Dios motivados por el gran amor de Cristo hacia cada ser humano.

IV. Conclusión: Quiero reafirmar la esperanza que nos trae el mensaje de la cruz, que es el mensaje del amor de Dios al mundo perdido, pero también es el mensaje del amor de Dios a nuestra denominación, a nuestro pueblo hispano y a cada hombre y mujer que ha recibido al Salvador en su corazón. Es el amor de Dios el que nos ha impulsado hoy a hablar de necesidad de cambio y renovación para que podamos continuar siendo fieles portadores de las Buenas Nuevas de salvación y vida eterna que Dios nos ha llamado a predicar. Una vez más doy gracias a Dios y al comité organizador de nuestra primera convención nacional por la oportunidad de compartir con ustedes esta reflexión que nos llevará a un tiempo de diálogo y discusión.

¡Que el Señor nos dé el poder y la fortaleza para vivir bajo su cruz amándonos y sirviéndonos unos a otros y al mundo por el cual Jesús murió!

FIRST HISPANIC LUTHERAN NATIONAL CONVENTION - LUTHERAN CHURCH-.MISSOURI SYNOD
Los Angeles, California
August 4, 2003
Response to Rev. Dr. Douglas Groll Presentation
"Under The Cross Of Christ...Today"
by Rev. Aurelio Magariño

To begin with, I would like to thank the Lord and the Organizing Committee for this historic event. I am humbled by the honor of being invited to participate as part of such a distinguished group of presenters. It is not an easy task to follow their footsteps. In this presentation I will attempt to reflect upon and foster a discussion in response to today's keynote speech: **"Under Christ's Cross: Today"**.

My goal during this presentation is to provoke an open and honest dialogue that will motivate and enable us to take a close look at the present state of our Church. It is not to look at our Church as a load we have to carry, but as a challenge and an opportunity to live up to our faith and calling in an authentic and dignified way.

There are numerous ways to approach this discussion. I will concentrate on my knowledge and experience in mission with the Hispanic population. In particular I want to address those aspects related to social ministry as well as our denomination's need to appreciate and recognize a more objective manner to attend to the needs and aspirations of the Hispanic community in the United States. At the same time, and on a parallel track, I will address the resources we already have as a Church to bring about a process of change.

As you must understand, this is not a simple task. It is an ample topic and we have limited time to clearly and objectively point out positive and negative factors related to the work the Church has been performing. Facing this task, I also recognize my own limitations and prejudice that could influence this exercise. I would like to address the following:

> LCMS is a Church body I have learned to love and appreciate since I started my relationship with it. I feel a profound admiration and respect for its theology, historical mission and educational achievements. As a member of our beloved LCMS, I have learned more than I ever expected. As a disciple of Christ and through this Church I have been able to live my Christian vocation as an ordained minister.
>
> By the same token, I feel great pain and anguish as I witness how in the past three decades LCMS has experienced a continuous decline in membership. This is a clear indicator of other profound problems that affect us as a Christian denomination. For just a moment I would remind us of one of the salient points I heard Dr. Jack Preus make in his presentation last week: **Our denomination needs a radical change**.

I recognize that within LCMS we have men and women of all racial and ethnic backgrounds who continue to be a light in this world. I believe Dr. Groll has been brave and objective in evaluating the realities of the Hispanic Church within our denomination. When I first read his speech, hope was reborn in me . . . hope that some day our denomination could understand the needs and aspirations of our people and that our Church would echo those needs. Within the key points to articulate as we seek appropriate strategies for Hispanic missions I will pinpoint the following:

Within our directive structures where decisions are made for Hispanic ministries there exists an abysmal lack of knowledge or lack of interest to acknowledge the socioeconomic conditions of Hispanics in the United States.

This manifests itself in different ways. For example, there is not a voice within our Church to denounce the abuses, discrimination and marginal status suffered by Latinos in the United States. When some of our Christian brothers have officially called attention to the oppressed situations under which some of our people live, either at the local, regional and even, national levels, our Church has never identified or resonated to those voices of protest.

In the Immigration Reform Act approved by Congress in 1996 we have a classic example of our institutional silence. It was legislation motivated by racial prejudice in response to the growing wave of Hispanic immigration. It is a law that today still endangers the legal status of Permanent Residents in this country. It is a law that stretched the categories under which a legal resident can become "deportable". It is a law that has been mostly applied to Hispanics. We have never heard of an INS raid against illegal European immigrants. Immigration and naturalization officials haunt those places where Hispanics live and work. Here, of course, we include our brothers and sisters from Asia and Africa. Frequently, the Roman Catholic Church and ELCA have denounced the racist character of such legislation while as a denomination we have remained silent.

We do not denounce the police brutality and racial profiling we suffer just because we are Latinos.

In many cases, police officers have not even respected our clerical collar. To be a Hispanic in many places in the United States is an invitation to police and immigration officials' abuse. If LCMS has a genuine commitment to expand God's Kingdom within the Hispanic community in the United States, it has to pay close attention to the profound social problems that affect our people. This has a powerful precedent in the Scriptures.

The Scriptures demonstrate that Jesus clearly ministered to those who came for his help. The biggest miracles are associated with intrinsic human problems: hunger, thirst, need of acceptance, freedom from guilt. Jesus has a radical message that affects humankind in its entire range. God's Kingdom came to earth through Jesus of Nazareth and it was testified to by Him as He ministered to each of the human needs He encountered in His ministry. Too often we believe that all problems are resolved by distributing a box of food or offering a seminar on how to buy your own home.

But the needs of our community demand a denomination that establishes a strong pastoral sense of accompanying.

This has been implemented in the past by Salvadoran Bishop Medardo Gomez when he bravely denounced the abuses of the extreme right against his fellow citizens. Solidarity and sympathy with those who suffer are important elements of a life under the Cross. Saint Paul said, "*let's cry with those who cry, let's laugh with those who laugh.*" In his developing theology of the gifts of the Holy Spirit St. Paul said, *"When one member of the body suffers, the entire body suffers."* I personally suffer when I see the indifference and apathy by which our Church perceives our people's problems. There is a great deal of indifference toward our people's suffering. By being silent we become accomplices with the rest of society in its goal to keep our people marginalized and alienated. We all have a shared responsibility.

I ask myself questions.

Isn't the suffering of the Hispanic people in the United States enough reason for us to seriously reflect upon our Christian vocation? I am not talking about politically correct measures. I am talking about renewing our commitment to be loyal to our Christian vow. It is my thesis that LCMS must direct serious effort to reach out to different ethnic groups in the United States if it desires to depart from its current state of decline. Aren't statistics that show a denomination whose membership is declining alarming enough to provoke a serious reflection about our mission strategies? Does LCMS really believe that without a mission strategy that would take into account the socio-economic conditions of our people it would be able to accomplish mission work among Hispanics effectively? Can LCMS afford the luxury of ignoring the fastest-growing minority in our country without suffering devastating results as a Christian denomination? For many years in this country the Hispanic presence has been intentionally ignored. If LCMS to continues abide by this posture together with the rest of society, then the possibility of spiritual and numeric growth will continue to be negatively affected.

By not completely understanding our people's life, necessary resources are not allocated to make mission work more effective. The commitment should be supported with financial contributions and other kinds of resources that would allow development on the missionary field. Part of the current problem on our Church is misinformation regarding available resources and the way they are distributed. This is influenced by a stereotype of Hispanics as consumers and constant recipients of others' gifts rather than actors willing and able to offer. Although there is some truth in this, it is mostly an out-of-context myth. As in any other circumstance, a believer of Hispanic descent who is instructed in the biblical truth about Christian stewardship can become a great contributor. This topic about stewardship in Hispanic Churches requires special attention, although I thought it would be appropriate to mention it here.

The lack of adequate representation within the Church is a symptom that requires a more serious analysis. It is unacceptable that a Counselor/Facilitator or any other office that will ensure Hispanic presence at the synodical level is not in existence.

Upon analyzing the past and present, we may conclude that LCMS needs a profound change. As a starting point, I propose, as part of the needed renovation, to return to the theological tradition and mission that made LCMS a respected and admired denomination. What do I mean by that?

1. **First, many congregations have appropriated to themselves a theology of glory that prevails in much of the evangelical culture in the United States.** These influences have caused confusion among Lutherans regarding our own identity. We have embraced the false concept that material abundance is a signal of divine favor. There are many cults that also enjoy material prosperity even when they deny elemental principles of the Christian faith. This limits the prophetic ministry of the Church. This is not a new phenomenon, but it is dangerous for the Church's mission. Anywhere the Church has served the state, it has encountered problems when it wishes to denounce social injustice as part of its ministry. Leaders and pastors that have been brave voices have suffered serious consequences. It is not rare for congregations to expel leaders that denounce the prevalent apathy and indifference within our congregations.

2. **We must return to the centrality of the theology of the Cross as promulgated by father Martin Luther.** During my days at the seminary, a now-retired professor insisted that we must read Walther. I agree, but together with Walther we must read Luther, who can help us recover the passion and valor which are essential ingredients in ministry and which are absent from our Church today. The sixteenth century movement that Luther headed required a total commitment to the cause; even the Reformers' lives were at stake. The reformers understood the meaning of living under the Cross, clinging strongly to the promises of the Bible. They lived in their own flesh what the Holy Scriptures say: **"Those who want to save their lives will lose them. But those who lose their lives for me and for the Good News will save them."** (Mark 8:35.)

3. **With its theology of glory our Church has lost its memory.** Today many allege that they do not know how to do ministry among minorities. But if we go back to the archives at the Concordia Historical Institute, we will find documents that reveal the disposition to live under the Cross that made it possible for our denomination to grow during the first half of the last century. The mission history of the Missouri Synod has wonderful pages that tell of the sacrifice and sweat of men and women that have been loyal to Christ's call to live under the Cross. Today this history continues being written by faithful people in our denomination. There are beautiful stories of courage that can stimulate our denomination to a spiritual renovation that would allow us as the Church of God to be more effective in our mission work among the Hispanic population of the United States.

4. **Within our own theology we find resources to help us better to understand the polarized view of Latinos toward the Church.** Lutheran theology talks about tensions: sin-grace,

death-life, heaven-hell. It says that we are saints and sinners simultaneously. We espouse the classical principle to correctly understand the word of truth: Law and Gospel. As Lutherans, we are lacking the fire and passion available to us from the Holy Spirit to take seriously the resources we have and to give them to God's mission in an integral manner.

Practical Advice

Even though the present is full of tension and fights, we must recognize the ambivalence and polarized way in which the Church relates itself to the Hispanic community. Within the LCMS there is a loyal remnant in each congregation, district and synod that makes possible our mission to our people. We also recognize that there are tremendous barriers to mission caused by cultural and racial factors; apathy and ignorance that cause resistance to change. Of course, we all suffer from frustration. However, as men and women transformed by the Cross, we know that the power to overcome difficulty is not within us, but . . . **"in Him, who loved me and took the punishment for my sins." (Gal. 2:20b).**

From a practical point of view I invite you to get closer to those that support your work. Do not invest all of your energy trying to change the minds of those who are antagonistic to your work or oppose it. Pray for them, love them, but invest your time and energy in those who are part of the loyal remnant.

Remember the following:
    a. *Every stumble is an opportunity to grow.*
    b. *Move from dependence to interdependence.*
    c. *Learn to work with and within the system.*
    d. *Pray, study and examine the Holy Scripture.*

> e. Try to be creative and allow the Holy Spirit to work in your life, making you believe that you are being used to attain victory within God's Kingdom.
> f. Have a wide vision of your ministry.
> g. Transmit the message of faith to our people with optimism.
> h. Believe that applying life under the Cross to our own lives would bring a significant contribution to our denomination and Hispanics.

Part of our ministry at LCMS is to be a bridge between two cultures. Take this opportunity to educate and contribute to a better understanding of who we are as Hispanics living in the United States. This is a great challenge, but a beautiful mission.

Do not be afraid to talk about the truth with love and courage. As a diverse Hispanic community in the United States, let us learn to live under the Cross. Let us not renounce our cultural values as Cubans, Mexicans, Panamanians, or Peruvians, but let us unite as the body of Christ to be a prophetic voice within our denomination. Let us close ranks as one body, united to the rest of our denomination with those who live under the power of the Cross and love and serve God motivated by Christ's immense love for each human being.

I would like to reaffirm the faith that is brought to us by the message of the Cross. It is the message of God's love to a lost world: the love of God toward our denomination, to the Hispanic people and to each man and woman who has received Jesus as Savior and Lord. It is God's love that has inspired us today to speak about change and renovation so that we may continue to propagate the good news about salvation and eternal life. Once again, I thank God and the organizing committee for this opportunity to communicate this to all of you, and I hope that the time has come when we can engage in an open dialogue and discussion about change.

May the Lord give us the power and strength to live under His Cross, loving and serving one another and the people for whom Jesus died.

Dr. Gerald Kieschnick
Hispanic Lutheran Convention
August 4, 2003

Buenas Noches, Mis Amigos en Cristo

It is a privilege for me to have this opportunity to speak to you at the very First Hispanic Lutheran Convention being held in The Lutheran Church-Missouri Synod. Not only is this a milestone for our church, but also this very convention may be providing a glimpse of what some LCMS District Conventions, at least in certain parts of our country, may look like in the future. This could particularly be true in certain states, such as California and Texas that are already home to half of the nation's Hispanics, or New Mexico, whose population is already 40% Hispanic. Of course, the reality of that statement is dependent on the future mission outreach of our church, particularly by many of the people gathered in this banquet room this evening.

If we are truly fervent in our mission work in this country, it is quite possible there will be a day in the future history of The Lutheran Church – Missouri Synod when the synodical president will have a name like Alberto Garcia or Eloy Gonzalez, instead of Jerry Kieschnick. In fact, Al and Eloy, there are some days when I might be willing to make that trade-off right now!

This evening, I have been asked to speak about Hispanic Ministry in the LCMS, "Tomorrow" – or, en Español, "Mañana." In consideration of this topic, I was asked to share what I see as the role of Hispanics in the future, their contribution to the LCMS, and how we will walk together as "One People" in The Lutheran Church-Missouri Synod. These considerations cause me to focus on three general areas I will address this evening. These are Situation, Opportunity, and Challenge.

First, let us address "Situation"

In addressing the League of United Latin American Citizens convention on June 18th, U.S. Census Bureau Director Louis Kincannon stated, "The official population estimates now indicate that the Hispanic community is the nation's largest minority community." He continued by saying, " This is an important event in this country, an event that we know is the result of the growth of a vibrant and diverse population that is vital to America's future."

As of July 1, 2002, the Census Bureau estimated there are now 38.8 million Hispanics in the United States. Hispanics accounted for one-half of the population increase of 6.9 million for the nation from April 2000 to July 2002. Estimates show that the Hispanic population grew 9.8 percent during that period compared to a growth rate in the general population of 2.5 percent. This rapid growth trend among Hispanics in this country will continue in the future.

The population of the United States is expected to grow from a current number of 291.4 million people to 351.1 million by 2030 and to 570 million by the end of the century. The percentage of Hispanics in that population mix is expected to increase from the current 13 percent to 19 percent in 2030 to 33 percent by the year 2100. This shift in population mix means there will be no majority racial group in our country. Rather, there will be two large groups, Hispanics and Whites, with the balance of the population being split primarily between Black and Asian. This will be quite a culturally diverse, and relatively balanced, population mix.

Unfortunately, the immediate past and current growth of our country has not been matched by a concurrent growth of The Lutheran Church-Missouri Synod. Instead, we have been marked by a thirty-year decline, reflective of a general decline of Christianity in our country. In the past decade, the percentage of adults claiming Christianity as their religion decreased by nine percent. This, too, is a trend that is projected to continue, unless we take quite seriously The Great Commission of our Lord.

This brings me to the topic of "Opportunity."

The population growth of tomorrow will provide overflowing mission opportunity. By the year 2030, the Hispanic population will reach almost 70 million in the U.S. and 190 million by the end of the century. That is the equivalent of two-thirds of the current population of this country. An already large Hispanic mission field is going to mushroom in size.

Opportunities for tomorrow will continue to be concentrated in the cities. Currently 45 percent of Hispanics live in the central cities of metropolitan areas, with another 45 percent outside the central city but still in the metro areas. For Hispanic ministries of tomorrow to be effective, the ability to impact lives in city settings, both central and surrounding, will be critical for mission outreach. Hispanic ministries of tomorrow must be on the "cutting edge" of ingenuity and innovation for outreach to Hispanic people in these environments. This is a sharp challenge for a church body with rural roots.

The family settings within Hispanic culture will provide opportunities for unique, family-oriented ministries. The current reality is that Hispanics are living in larger family households than non-Hispanic whites. This causes us to look to those in Hispanic ministries to be pioneers for conducting effective family ministry within this cultural context. While this has implications for current ministry, it will be of even greater importance in the future.

Another closely-related opportunity exists among Hispanic youth. In 2002, one-third of Hispanics in the U.S. were under age 18. The "tomorrow" implication of this present day reality deserves special attention. Effective youth ministry among Hispanics during the next decades will be key in determining the long term success of LCMS mission among Hispanics, as well as the future health and vitality of The Lutheran Church – Missouri Synod as a whole.

The final results of the Gospel outreach effort known as "ABLAZE", will be significantly determined by the success of outreach in the Hispanic community. I know you are acquainted with "ABLAZE" - a worldwide effort being promoted by LCMS World Mission to proclaim the Gospel of Jesus Christ to 100 million people by the year 2017, the 500th anniversary of the Reformation. Obviously, reaching the people who will be contributing to growth in the Hispanic population is the key to success in this effort. Thank you, dear brothers and sisters, for your bold and courageous commitment to this effort!

Opportunities for Hispanic congregations are being afforded through the outreach initiative being undertaken by my office, which we are calling "ABLAZE: Igniting Congregations." In this initiative, we are bringing together different cluster groups of 30 congregations that have demonstrated effectiveness in certain evangelistic areas. One of those target groups is LCMS ethnic congregations that have shown increase in worship attendance over the last 5 years. These groups of congregations will make available their strategies, will be encouraged to achieve even greater results in the future and will each be asked to mentor four other congregations, helping them to realize and achieve more impactful results in mission and ministry. All that is learned will be posted on a website for access by all congregations of the Synod. Ultimately, almost one of every five congregations of the Synod will be directly impacted through this effort – including many Hispanic congregations.

These various opportunities summarize many of the roles and vital contributions of Hispanic ministry within the LCMS and the Christian community as a whole. Of course with the opportunities of tomorrow also come the challenges of tomorrow. So, let us talk about "Challenges."

One of those challenges will be defining Hispanic cultures within Hispanic culture. In 2002, 67 % of Hispanics were of Mexican origin, with others coming from Central and South America (14.3%), Puerto Rico (8.6%), Cuba (3.7%), and other places (6.5%). You are aware, more than I, that these distinctions make ministry approaches and solutions more complex. We in the LCMS must be wise enough not to quickly categorize Hispanic ministry as one monolithic segment of the population and think that a "one size fits all" mentality will suffice for Hispanic mission outreach. The "tomorrow" aspect of Hispanic ministry will, out of necessity, seek local targeting of style, while maintaining a broader commitment to substance.

The challenge of economics will remain a factor in the tomorrow of Hispanic ministry. In 2002, 21 percent of Hispanics were living in poverty, while only 12 percent were earning more than $50,000 per year. By way of comparison, among non-Hispanic Whites, 8 percent were living in poverty, while 32 percent earned more than $50,000 per year. While I do not have current projections concerning these numbers, the tomorrow in this challenge will be an outgrowth of today's circumstances of wealth. If there is no wealth to shift from generation to generation, as is happening among Anglo "Baby Boomers," the funding of Hispanic ministry will call for creative measures in finding resources. Ministry in a mushrooming Hispanic population with fewer economic resources will require for innovative approaches to funding the mission. The future will cause us to rethink current cultural concepts of how "church is to look," as opposed to what the "church is to be;" for example, a "communion of saints," not necessarily a "communion of bricks."

Extreme challenges will be presented by a fast-growing population. Managing rapid growth is difficult in any endeavor. With a population group that is growing at a 10 percent rate, mission and ministry must be focused and intentional. One can easily become overwhelmed with so many opportunities that the "shotgun" approach to ministry overtakes good strategic planning, resulting in weakness in mission rather than strength. Strategies for ministry will be necessary for effective outreach in high growth areas in order to reach our potential for Hispanic mission. Strategy and vision allow one to sieze opportunites, while blind ambition simply causes opportunities to cease.

In conjunction with how the church will look is also the challenge of supplying professional church workers to meet the demand. This is a challenge that is not limited to Hispanic ministry in our church body, yet one that will definitely impact the future of Hispanic mission. With such programs as Theological Education by Extension, the Hispanic Institute of Theology, DELTO, lay ministry training, and those we have not yet even begun to think about or plan, we will need to be forward thinking as well as faithful to the Holy Scriptures and the Lutheran Confessions in the steps we take to determine those who will be rightly called to preach the Gospel and administer the Sacraments.

Additionally, there is the challenge of being a counter-culture group in our country. By this statement, I am not referring to the issue of

Hispanic culture versus non-Hispanic White, Black, Asian, or any other cultural or racial grouping.. Rather, this reference is about spreading the Gospel in the non-Christian culture of this country. Unlike our LCMS forefathers, who operated in a more "Christian-friendly" environment, as Hispanic growth hits its stride in this country, basic Christian principles and values will not be an underlying standard. Instead, the one-third of Hispanics who are under 18 years of age, and those to follow, will be influenced by a media and cultural bias that markets sexual promiscuity, violence, homosexuality, same-sex marriage, materialism, and a vast array of other counter-Christian influences. This exposure is literally in the living rooms of most homes twenty-four hours a day, seven days a week, from the richest to the poorest of peoples. Further, Christianity and Christian values do not benefit from nearly the same amount of influence. Don't expect this to change in the near or long term of our country. This challenge is a reality of tomorrow that will loom larger than we have ever known it to be.

Finally, there remains the challenge of LCMS culture and being "One People" in the future of The Lutheran Church-Missouri Synod. To say that our synod is not known for expediency in adaptation to change may be a huge understatement. Yet, it is a reality that will impact the work of Hispanic ministry in our church, particularly in light of the need for timely decisions in a fast-growth environment and the need for fluid ministry in a rapidly changing culture. Without compromising doctrine, I pray that in the "tomorrow" of the LCMS, we can get to a time when we are free to serve Jesus as we have been trained and called to do, without fear of retribution from others and with trust and respect for decisions that are made in local ministry settings for the good of the kingdom of God. While I believe this is necessary for all of our ministries as a whole, I believe it is critical for Hispanic ministries if we are going to seize the opportunities God will place before us tomorrow in a tremendous Hispanic mission field. For Christ's sake, this is a challenge we must overcome. As those who are in Hispanic ministry, I pray you will collectively work in our church to remove this barrier.

Related to this challenge is the Lord's desire for us to be "One People." How will we walk together as "One People" in the LCMS? For this there is only one answer. We will walk together as we walk "Beneath the Cross of Christ." Is every LCMS congregation ready for a Hispanic invasion? I don't know that we can say "Yes" to that today. After all, our track record has been to leave empty church buildings in the middle of cities filled with people. However, my prayer is that we can all say "Yes" to that question "tomorrow."

There is a new spirit among us – one that is causing us to open our eyes to the mission field that God is raising up around us. Our multi-cultural awareness is enabling us to see the fields and know they are ripe for the harvest. However, I do know that we will be "One People," because Jesus said, "There are other sheep that are not of this sheep pen. I must bring them in also. There will be one flock and one shepherd." That is our Lord's will and promise. So, to that, I can definitely say "Yes" because all of God's promises find their "Yes" in the Lord Jesus Christ.

In the confidence of Christ, we look to "tomorrow" and know that the One who is the same, "Ayer, Hoy y Mañana" (Yesterday, Today, and Tomorrow) will be with us according to His promise for His mission.

Jesus said, "All authority in heaven and on earth has been given to me. Therefore go and make disciples of all nations, baptizing them in the name of the Father and of the Son and of the Holy Spirit, teaching them to obey everything I have commanded you. And surely I am with you always, to the very end of the age." (Matthew 28:18-20)

Where does all of this lead us? It is my prayer that it leads us to a church for your children and grandchildren and my children and grandchildren that is faithful to Scripture and the Confessions, to the Word and Sacraments, and sensitive to the needs of people – a church in which our children and grandchildren together are dynamically engaging the multi-cultural world in which they will live – a church that is encouraging their active participation as leaders and workers in our Father's Kingdom. While my children are not Hispanic, and Terry and I are not Hispanic, you should know that we stand with you and pray that the Lord Jesus will empower us all together and make us bold for the Hispanic mission of "Tomorrow" so we can survey Situations, seize Opportunities and overcome Challenges for His glory and the good of His kingdom.

Thank you and God bless you all "Bajo la Cruz de Cristo."

Discurso del Presidente del Sínodo
a la Primera Convención Luterana Hispana
Agosto 2, 2003
Dr. Gerald Kieschnick

Es mi privilegio tener la oportunidad de dirigirme a ustedes en la mismísima Primera Convención Hispana Luterana que se celebra en la Iglesia Luterana-Sínodo de Missouri (ILSM). Pero no solo es un hito para nuestra iglesia sino también esta misma Convención puede estar dándonos una idea de cómo serán en el futuro algunas Convenciones del Sínodo de Missouri, por lo menos en ciertas regiones y estados, como en "California y Texas, donde ya es una realidad que sus habitantes son la mitad de los hispanos en este país", o Nuevo México, cuya población hispana es el 40% de la población total. Desde luego, la realidad de semejante declaración depende del trabajo misionero futuro de nuestra iglesia, particularmente por mucha de la gente que está presente aquí esta noche.

Si en verdad somos fervientes en nuestro trabajo misionero en este país, entonces es muy posible que un día en la historia de la Iglesia Luterana-Sínodo de Missouri habrá un presidente sinodal cuyo nombre será Alberto García o Eloy González en lugar de Jerry Kieschnick. En realidad, Al y Eloy, ¡ya he tenido días en que estaría dispuesto en hacer ese cambio ya!

Se me ha pedido que hable sobre el ministerio hispano del "mañana" en la ILSM. Se me ha pedido también que comparta lo que considero es el papel futuro de los hispanos, de su contribución a la ILSM, y cómo caminaremos juntos como "Un Solo Pueblo" en la Iglesia Luterana-Sínodo de Missouri. Estos importantes temas me han provocado concentrarme en tres grandes áreas que mencionaré esta noche aquí. Estos temas son: *la situación, la oportunidad*, y el *desafío*.

En primer lugar consideraré la *Situación*.

Cuando Louis Kincannon, director de la Oficina del Censo de los EEUU fue invitado a dirigirse ante la Liga de los Ciudadanos Unidos Latinos Americanos, declaró: "La estimación oficial de la población ahora nos indica que la comunidad hispana es la minoría más grande de este país". Y continuó declarando: "Esto es un evento importante en este país, un evento que es el resultado del crecimiento de una población vibrante y diversa, la cual es vital para el futuro de América".

El 1 de Julio del 2002, la Oficina del Censo estimaba que habían 38.8 millones de hispanos en los Estados Unidos. Los hispanos son la mitad del crecimiento poblacional de 6.9 millones del país en el período que va desde Abril del 2000 hasta Julio de 2002. Los cálculos hechos muestran que la población hispana creció 9.8% durante ese período, mientras que el crecimiento del resto del país fue de 2.9% solamente. La tendencia del crecimiento acelerado de la población hispana seguirá el mismo paso en el futuro.

Se espera que la población de los Estados Unidos crezca de los 291.4 millones de habitantes de años recientes hasta 351.1 millones para el año 2030, y de 570 millones para fines del siglo. El porcentaje de hispanos en esa población se espera que aumente del presente 13% al 19% hacia 2030, y del 33% para el año 2100. Este aumento en la población significa que cesará de existir un grupo racial mayoritario en nuestro país. En cambio, tendremos dos grupos mayoritarios, hispanos y blancos; el resto serán principalmente negros y asiáticos. Se pronostica que el país tendrá una diversidad de culturas, y también habrá un balance relativo en la población.

La Iglesia Luterana-Sínodo de Missouri no ha reflejado en los últimos años, desafortunadamente, el crecimiento acelerado en la población de nuestro país. En contraste, la ILSM ha tenido tres décadas de merma en su feligresía, que es el reflejo también de la erosión del Cristianismo en nuestro país. En la década pasada, el porcentaje de adultos que manifestó que el Cristianismo era su religión bajó un 9%. A propósito ésta es la tendencia que se espera continúe a no ser que tomemos muy en serio la Gran Comisión de nuestro Señor.

Esto me lleva ahora a hablar de la *Oportunidad.*

El crecimiento poblacional del futuro nos proveerá abundantes oportunidades para realizar trabajo misionero. Para el año 2030, la población hispana será casi de 70 millones en los EEUU, y de 190 millones para fines del siglo. Ese número es equivalente a dos terceras partes de la población actual en este país. El inmenso campo misionero que existe entre los hispanos se agigantará aún más.

Futuras oportunidades continuarán presentándose en las ciudades. En la actualidad 45% de la población hispana vive en áreas metropolitanas, y otro 45% vive a poca distancia de los grandes centros urbanos. Una clave para que los ministerios hispanos futuros tengan efectividad será la habilidad de influir o afectar a los centros urbanos, tanto citadinos como en sus periferias. Los ministerios hispanos del mañana deberán de estar a la vanguardia en creatividad e innovación para evangelizar a los hispanos en los centros urbanos y semi-urbanos. Esto significa un contraste muy acentuado para un cuerpo eclesiástico como el nuestro que tiene sus raíces en el área rural.

El ambiente familiar que se vive en la cultura hispana es una oportunidad para tener ministerios orientados hacia las familias. La realidad actual es que los hispanos viven en casas más grandes comparándose a los blancos. Esto nos provoca a mirar a aquellos ministerios hispanos que son pioneros en tener un ministerio familiar efectivo dentro de este contexto cultural. Si este ministerio ya posee implicaciones actuales, en el futuro será aún más importante.

Otra gran oportunidad se presenta entre la juventud hispana. En 2002 la población hispana menor a los 18 años era un tercio del total. La implicación "del mañana" de esta realidad actual merece que le pongamos atención especial. Ministerio hispano juvenil productivo en las siguientes décadas será clave para determinar tanto el éxito a largo alcance de la misión de la ILSM entre los hispanos como la salud y vitalidad futura de toda la ILSM.

Los resultados finales del programa misionero conocido como "En Fuego" dependerá en gran parte del éxito que se tenga entre la población hispana. Me doy cuenta que ustedes conocen ya al programa *En Fuego*. Este programa es una labor mundial que la Junta de Misiones de la ILSM está promoviendo con el fin de compartir el Evangelio de Jesucristo con más de 100 millones de personas para el año 2017, año en que se celebra el Quinto Centenario de la Reforma de la Iglesia. Obviamente es clave en este esfuerzo incluir a las personas que contribuirán al crecimiento entre los ministerios hispanos. ¡Gracias hermanos y hermanas por su compromiso decidido y valeroso en este programa!

Hay oportunidades para las congregaciones hispanas mediante la iniciativa de alcance que tomó mi oficina, y que llamamos "En Fuego: Poniendo en marcha a congregaciones". Con esta iniciativa estamos agrupando a distintos equipos de hasta 30 congregaciones que recientemente han sido productivas en ciertas áreas de evangelismo. Uno de los equipos en que nos hemos enfocado está integrado por congregaciones étnicas en la ILSM. Estas congregaciones han tenido incrementos en la asistencia a los oficios divinos en los últimos cinco años. Estas congregaciones compartirán sus estrategias, se animarán mutuamente a tener resultados más positivos en el futuro y cada una se convertirá en un mentor de otras cuatro congregaciones con el fin de ayudarlas a conseguir más resultados positivos en sus obras misioneras y ministeriales. Todo lo que se aprenda se publicará en un portal electrónico que todas las congregaciones del Sínodo podrán visitar. El resultado inicial de este programa es que una de cada cinco congregaciones del Sínodo será invitada a integrarse, incluyendo a muchas congregaciones hispanas.

Estas diferentes oportunidades reflejan los papeles y contribuciones importantes del ministerio hispano dentro de la ILSM y en toda la comunidad cristiana en general. Naturalmente con las oportunidades futuras vendrán también desafíos. Así que ahora hablemos de los *Desafíos.*

Uno de los desafíos será distinguir las subculturas hispanas dentro de la cultura hispana general. En 2002, el 67% de los hispanos eran de origen mexicano. Los hispanos procedentes de Centro y Sudamérica eran 14.3%. Los puertorriqueños representaban a 8.6% de todos los hispanos, los cubanos 3.7%, y el resto representaba a un 6.5%. Ustedes saben mejor que yo que estas distinciones hacen que los ministerios y soluciones se hagan más complejos. Nosotros en la ILSM debemos de ser sabios y no apresurarnos a catalogar al ministerio hispano en un solo segmento de la población. Tampoco debemos de pensar que "un modelo sirve para todos" al realizar el ministerio entre hispanos. El ministerio hispano del "futuro" tendrá que obligatoriamente buscar metas que se ajusten a la localidad por un lado, y a la mayoría del grupo nacional en que se encuentren trabajando por el otro lado. Pero además tendrán que mantener al mismo tiempo un compromiso de llevar el Evangelio a los miembros de todas las demás nacionalidades.

El desafío de los recursos financieros seguirá siendo un factor en el futuro del ministerio hispano. En 2002, el 21% de los hispanos vivían en la pobreza. En cambio solo el 12% tenían un ingreso superior a los $50,000 dólares al año. Solamente mencionaré para que nos sirva de comparación que entre la población blanca solo 8% vivía en la pobreza y 32% ganaban más de 50,000 dólares al año. Aunque no poseo estimaciones actuales en cuanto a estos números, el desafío del mañana será el resultado de las condiciones actuales de riqueza. Si no hay riqueza que cambie de manos de generación en generación, como está pasando con los "baby boomers" entre los blancos, el financiamiento del ministerio hispano tendrá que tener mucha creatividad. El ministerio entre una población hispana que crece a pasos agigantados pero que carece de suficientes recursos económicos nos obligará a diseñar modelos creativos para financiar la misión entre la población hispana. El futuro nos hará repensar los conceptos culturales actuales de cómo "la iglesia es" en lugar de lo que la iglesia "debe de ser", por ejemplo, una "comunidad de santos" y no necesariamente una "comunión de ladrillos".

El crecimiento acelerado de la población nos presentará desafíos enormes. El tratar de tener cierto control de un crecimiento acelerado es una empresa muy difícil. Si tenemos en cuenta que hay un 10% de crecimiento en un grupo poblacional, todos los intentos de hacer misión y ministerio deben de ser concentrados y consistentes. Uno se puede dar por vencido fácilmente teniendo demasiadas oportunidades. El peligro está en querer disparar en cualquier dirección. Esta reacción puede llegar a predominar aún sobre las buenas estrategias diseñadas, lo cual resultaría en un debilitamiento en la misión en lugar de fortalecerla. Estrategias para hacer ministerio se necesitan como instrumentos de alcance efectivo dentro de áreas de crecimiento acelerado a fin de aprovechar todo nuestro potencial en la obra misionera entre los hispanos. Las estrategias y visiones nos permitirán tomar por el mango al sartén de las oportunidades. En cambio la ambición ciega nos causará que las oportunidades se nos escapen de las manos.

Junto a cómo se verá la iglesia en el futuro también está el desafío de preparar a los trabajadores de la iglesia. Este desafío no es exclusivo del ministerio hispano en nuestro cuerpo eclesiástico. Sin embargo es uno que verdaderamente tendrá un impacto en el futuro de la misión entre hispanos. Con programas como la Educación Teológica por Extensión, el Instituto Hispano de Teología, DELTO, programa de predicadores laicos, y otros que ni siquiera hemos pensado o planeado tener, tendremos que mirar hacia el futuro y tomar pasos para decidir quienes serán debidamente llamados a predicar el Evangelio y a administrar los sacramentos, al mismo tiempo que permaneceremos fieles a las Sagradas Escrituras y a las Confesiones Luteranas.

Además, existe el desafío de ser un grupo que va en contra de la cultura dominante en nuestro país. No estoy colocando con esta declaración a la cultura hispana en contraposición a las culturas de los blancos, negros o asiáticos o de cualquier otro grupo cultural o étnico. Me refiero específicamente a predicar el Evangelio en una cultura no cristiana como es la de este país. A diferencia de nuestros antepasados en la ILSM, que vivieron bajo un ambiente de mayor apertura al Cristianismo, en el tiempo del crecimiento acelerado de los hispanos en este país, los principios y valores básicos cristianos no serán la norma. En su lugar, por lo menos un tercio de los hispanos menores de 18 años, recibirán una influencia negativa proveniente de los medios de comunicación masiva y otras fuentes poderosas. Estos medios y la cultura dominante promueven activamente la promiscuidad sexual, la violencia, el homosexualismo, los matrimonios entre miembros del mismo sexo, el materialismo y una amplia variedad de cosas que menoscaban a los principios cristianos. La influencia desastrosa de la que hablo está literalmente entrando a nuestras casas, y están disponibles las 24 horas del día, siete días a la semana. Los ricos dueños de estos medios se enriquecen explotando a los pobres de entre los pobres. Aún más, el

Cristianismo y los valores cristianos no tendrían ningún beneficio si tuvieran el mismo tiempo para influir en la gente. No debemos esperar que esto cambie en el futuro cercano o lejano en nuestro país. Este desafío es una realidad del mañana que crecerá más y más hasta llegar a proporciones que no podemos imaginarnos hoy.

Por último, aún permanece el desafío de la cultura propia de la ILSM y para ser "Un solo Pueblo" en el futuro de la Iglesia Luterana-Sínodo de Missouri. Me quedaría corto al afirmar que la gente de nuestro sínodo se toma mucho tiempo para adaptarse a los cambios. Sí, esta es una realidad que se verá reflejada en el trabajo de los ministerios hispanos, particularmente a la luz de la necesidad de tomar decisiones a tiempo en un ambiente de crecimiento acelerado y de la necesidad de tener un ministerio dinámico dentro de una cultura que cambia rápidamente. Esto no quiere decir que descuidaremos la doctrina. Oro que en la ILSM del mañana podamos llegar a un tiempo en el cual tengamos libertad para servir a Jesús como hemos sido llamados y preparados para hacerlo, y que no tengamos miedo a sufrir represalias de otros sino que tengamos confianza y respeto a las decisiones que se hagan en un ambiente local de ministerio para el bien del Reino de Dios. Creo que esto es necesario para todos nuestros ministerios, pero creo que es importantísimo dentro de los ministerios hispanos si vamos a aprovechar las oportunidades que Dios mañana nos pondrá adelante dentro de un estupendo campo misionero entre los hispanos. En el nombre de Cristo este es un desafío que debemos vencer. Oro que ustedes que ya están en el ministerio hispano trabajen unidos en nuestra iglesia para deshacernos de este obstáculo.

Junto con este desafío se encuentra el deseo del Señor de que seamos "Un solo pueblo". ¿Cómo habremos de caminar juntos como "Un solo Pueblo" en la ILSM? Existe una sola respuesta a esta pregunta. Caminaremos juntos cuando caminemos "Bajo la Cruz de Cristo".

¿Está cada congregación de la ILSM lista para recibir una invasión hispana? No estoy seguro hoy día que podamos afirmar con un "Sí" rotundo. En realidad tenemos la distinción de abandonar nuestros templos en ciudades que están repletas de personas. Sin embargo, mi oración es que todos podamos declarar, "Sí" a esa misma pregunta "mañana".

Existe un nuevo espíritu entre nosotros, un espíritu que nos está ayudando a abrir nuestros ojos a la misión que Dios está poniendo alrededor nuestro. Nuestra apertura multi-cultural nos está habilitando a ver los campos y nos indica que están listos para la siega. Sin embargo, dudo que seremos "Un solo pueblo" debido a que Jesús declaró: "Tengo otras ovejas que no son de este redil; aquéllas también debo traer, y oirán mi voz; y habrá un rebaño, y un pastor" (Juan 10:16). Esta es la voluntad y la promesa de nuestro Señor. Así que a la declaración de Jesús puedo decir rotundamente, "Sí", porque todas las promesas divinas encuentran su "Sí" en el Señor Jesucristo.

Teniendo confianza en Cristo vemos ahora al "mañana" y sabemos que Aquél que es el mismo "Ayer, Hoy y Siempre" estará con nosotros según su promesa.

Jesús afirmó, "Toda potestad me es dada en el cielo y en la tierra. Por tanto, id, y haced discípulos a todas las naciones, bautizándolos en el nombre del Padre, y del Hijo, y del Espíritu Santo; enseñándoles que guarden todas las cosas que os he mandado; y he aquí yo estoy con vosotros todos los días, hasta el fin del mundo" (Mateo 28:18-20).

¿A dónde nos lleva todo esto? Es mi oración que nos lleve a una iglesia para sus niños y sus nietos y para mis niños y mis nietos, una iglesia que sea fiel a las Escrituras y las Confesiones, a la Palabra y a los sacramentos, y a tener sensibilidad a las necesidades de todos; a una iglesia en la cual nuestros niños y nietos juntos se enfrenten dinámicamente a un mundo multi-cultural en el que viven; a una iglesia que les anime en su participación activa como dirigentes y obreros del Reino de nuestro Padre. Aún cuando mis niños no son hispanos, y Terry y yo tampoco somos hispanos, estén seguros que estamos a su lado y oramos que el Señor Jesús nos capacite a todos y nos haga estar determinados a trabajar en una misión hispana del "mañana" para que podamos sopesar las *situaciones*, aprovechar las *oportunidades* y vencer los *desafíos* para la gloria y el bien del Reino de Dios.

Gracias. ¡Qué Dios los bendiga a todos *Bajo la Cruz de Cristo*!

Postscript

*For one becomes a theologian by living, by dying,
by being damned: not by mere intellectualizing,
reading, and speculating.*
Martin Luther, Operationes in Psalmos
(WA 5, 163,29-30, 1519-1521)

I write this postscript from the perspective of a U.S. Hispanic theologian with deep roots in the catholic evangelical faith of Martin Luther. I have served as a pastor, theological educator, and church leader in the Lutheran Church-Missouri Synod during the past thirty years. This postscript is not, therefore, a theological exercise but a living witness to the next generation of what it means to be a disciple of the cross. My comments need to be grounded, therefore, in how the way of the cross has blessed my past, continues to transform my present, and gives me hope for a bright future in light of the crucified and risen Christ. Central to my vision is how Jesus guides us always under the shadow of his cross. He accompanies us in our daily walk and will continue to do so in the future. It is a call not only to proclaim Christ's forgiveness of sins for all tribes and nations but also to live this incarnate compassion as a living witness of our confessional faith. This vision was central to Dr. Martin Luther. During his most difficult days as a Reformer of the church, he grounded his hope for the future not in mere theological intellectualizing. He lived the way of the cross as a witness to Jesus Christ during his times. For Luther the art of theology was an incarnate witness of how Jesus calls his disciples to live as theologians of the cross. He was willing to count the cost for the sake of the Gospel.

My Christian roots begin in Cuba. I grew up in a Roman Catholic church that was given more to celebration of suffering and life than debate. My parents also ingrained in me the popular religiosity of my people. Every August 7th in Cuba my family celebrated my saint day, San Alberto de Sicilia, my grandfather Alberto's name sake. My middle name is Lázaro. I was named after the poor beggar in the parable who is celebrated as one of the most popular "saints" in Cuban popular religiosity.

When I became a Lutheran, I found a wonderful message of unconditional love in the person of Jesus Christ. However, I was never able to reconcile the meaning of my popular religiosity during my teen years with my catholic evangelical faith. In fact, during my confirmation classes I perceived that the faith of my parents and grandparents was inimical to my belief in Christ. When I began to reject or ignore the popular religiosity before my family, this created alienation. It was only twenty years later that I discovered how my father's popular religiosity could live as an integral part of his confession of salvation only through faith in Christ as expressed in Romans 3. The very core of his popular religiosity remained alive and well until his last breath. Lazarus was not a miracle worker. He was one whom God affirmed and accompanied in his greatest needs and poverty.

As I studied for the ministry, the theological tools that I acquired were important. My classmates at Concordia College, Austin and Concordia Theological Seminary, Springfield as well as my professors did not make me feel different. They accepted me as one of them.

However, my years of theological training were rooted in Northern European and American ways of thinking. It was more important to reject false teachings and to stand for the truth than to become a theologian of the cross. We learned to be confessors of the faith and reject modernism and existentialism. This theological exercise became more cerebral rather than incarnate in the living Gospel.

Meanwhile, I repressed acknowledgment of the faith of my people. In life and practice I experienced in my early theological formation the either/or way of thinking instead of both/and as described by Justo González. This way of thinking became also my way of life in my early ministry in Chicago.

During my early ministry I changed my name from Alberto to Albert. I wanted to change my middle name to Luther but my father became quite disappointed and angry. I decided for the sake of the family to honor my middle name. It is only in the last five years that I have begun to use my given name of Alberto. This has to do with my walking in the discipleship of the cross. This walking has allowed me to live within the paradox of both/and rather than either/or in affirming the faith of my people in light of my confessional evangelical faith.

During my early ministry at Christ Lutheran Church in the Logan Square area in Chicago my vision for ministry was one of assimilation. I really believed that it was possible to bring together an old Anglo-Saxon congregation and an inner city population made up mainly of Puerto Ricans, Mexicans, and Colombians into the one congregation. I honestly believed that assimilation was the only way to confess "one Lord, one faith, one baptism, one God and Father of us all." (Ephesians 4: 5) I had not grasped the living and dynamic concept that lives under the cross. We can be at the same time united but different. We can affirm our Hispanic identity and at the same time live our Christian faith under the cross. The living voice of the Gospels brought me to this conclusion. Unity did not mean uniformity in light of the incarnate Christ.

The first U.S. Hispanic congregation that I served was very poor; many were undocumented aliens. I lived with them in their struggles, and cried their tears with them. The brothers and sisters of the

English-speaking congregation were well intentioned, but spoke from a different perspective. They were the owners of the congregation; they made the decisions, and they wanted the Hispanic members to assume a place of leadership in the English- speaking congregation. They had assumed that this was essential for the future preservation of the congregation. They also spoke from a position of privilege. Unity meant acceptance of the old ways of being Lutheran.

I also unconsciously had taken a position of privilege among the members of my Hispanic congregation. I have to admit that it was very hard for me to go and work among the poor, and to live in the midst of their social problems. In Cuba, I grew up in a middle class family. We had never been discriminated against or lived under such extreme poverty. My early days of exile were marked by acceptance of the American community in Miami. These were the days of the Cold War and the newly-arrived Cubans represented the voice of freedom against a communist government. I had assumed also a position of privilege without being completely aware of this fact.

In Cuba, I grew up in an integrated neighborhood. Many of my neighbors were black. My neighbors were Jamaican. They were devout Methodists. They taught me English through the reading of Scripture. We danced the calypso together. However, a year after the Cuban Revolution I took two of my black friends to the Club Nautico, a club by the beach. I had taken many friends there over the years. This time my darker-skinned friends, Mayito and Rafaelito, were denied entrance to the club. They did not blink, and took me to a public beach where we enjoyed a beautiful day together. Years later, while reading Cristina García's novel, *Dreaming in Cuban*, I realized that my friends had been excluded because of the color of their skin. Tears came to my eyes.

I also shed tears when many of my Hispanic brethren in Chicago were denied their rightful place in society. It is by Jesus speaking to me in reference to his way of the cross (Matthew 10) that I had to deny the sin of privilege. I know that it is still there. However, I pray daily to live an incarnational experience of Christ among the people of God.

My vision of ministry changed. I began to take seriously the problems and dreams of my brothers and sisters in the Hispanic community. I could no longer preach assimilation but rather lived under the paradox of the cross. It was important for me to point to Christ, the one who took our place, our sins, but also who is our defender and walks with us and our needs. This way of the cross must be lived in our evangelization of the next generations. We definitely need to live and practice a theology of accompaniment as expressed by Aurelio Magarino.[1] This is how also I envision living the *"theology of difference"* expressed by J.A.O Preus, III.

We need to maintain a living, dynamic tension in our pastoral theology as we live among people of every tribe and nation under the cross of Jesus Christ. In this way of life, Jesus of Galilee lived at the same time his divinity and humanity. He could not separate himself from his human particularity and his human particularity was blessed by his divinity. Both lived together in a dynamic, living expression of the Gospel. We cannot claim a unity that does not take seriously our racial and ethnic particularity, nor can we stand seriously in our incarnate reality if this action makes God an idol. However, we must always live the incarnate reality of Jesus' servanthood in dynamic, incarnational terms. This is how we should live our present and

---

[1] Cf. Alberto L. García and A.R. Victor Raj, *The Theology of the Cross for the 21st Century: Signposts for a Multicultural Witness* (Saint Louis: Concordia Publishing House, 2002), 19-31; 192-201.

future discipleship of the cross.[2] This is the only way that we can be truly catholic; i.e., live according to the whole and not obscure our catholic reality with the shadow of our position of social and economic privilege.[3] Unity means in incarnational terms that we bear the cost of our discipleship. It is only then that we should live for Christ and one another as servant leaders.

Douglas Groll and Aurelio Magarino urged us in this series of essays to live as theologians of the cross rather than as theologians of glory. Theologians of the cross live completely under the mercy of God. This vantage points crucifies our human positions of glory. Speaking in light of our current Latino/Hispanic experience, it means that we must seek forgiveness for the sins we have done against our brothers and sisters. I recall from my early ministry how two of my most valued leaders had a falling out. One called the other a wetback and the other responded by calling her sister in Christ a welfare mother. They were the best of friends, had similar struggles and yet their sin brought out the worst in them. We who are Hispanics/Latinos in the USA must remember that we are children of God under grace. We also need to know that God values all of our mestizajes. We must in the same manner also value our non-Hispanic brothers and sisters from every tribe and nation who walk with us in the way of the cross.

Douglas Groll expressed our Hispanic/Latino situation in light of the work of Virgilio Elizondo as one of *mestizaje*. It is important for U.S. Hispanic leaders of different generations to understand that we will

---

[2] Alberto L. García, "Christological Reflections on Faith and Culture" in *Christ and Culture in Dialogue: Constructive Themes and Practical Applications.* Edited by Angus J.L. Menuge, William R. Cario, Alberto L. García (Saint Louis: Concordia PublishingHouse, 1999), 67-103.

[3] Cf. Justo L. González, *Out of Every Tribe and Nation* (Nashville: Abingdon Press, 1992). Dr. González argues for a catholicity that takes very seriously the Christian church in all her particularities as an expression of the whole.

continue to live in a situation of *mestizaje*. Our Hispanic condition of *mestizaje* means that in the USA we will never live completely accepted as Hispanics or Americans. We live in the reality of a hyphenated existence as Hispanic-Americans. We cannot forget this fact. This is a reality in my life.

I am a Galilean and a mestizo. This may sound ridiculous to some. Many who know me personally know that I am a white male Caucasian. My heritage is from Spain and Italy. In a recent trip that I made to Cuba they thought that I was German. Why? Because I looked too white living under the northern sun. Also, culture continues to change. My Spanish is quite acceptable. However, I no longer speak with the new vocabulary of Cubans. Sometimes they think I am a Puerto Rican because I worked many years among Puerto Ricans. At the same time, in Milwaukee they always ask me where I am from because of my Spanish accent. But my *mestizaje* implies more.

In terms of Hispanics in the LCMS, I am very blessed. I am the first to have taught as a professor in one of our seminaries. I am also the first to have obtained a Doctor of Philosophy in theology. This is not an exercise in a theology of glory but in the theology of the cross. Let me explain why I am also a Galilean and a mestizo.

During these many years in ministry, many of my former students who have a heart for ministry, but speak less adequate Spanish or have fewer years of pastoral experience than me have been chosen over me as pastors of bilingual congregations. My children have also been marginalized. My Cuban wife is blond with green eyes. Because she speaks with a Spanish accent and her last name is García she has been asked why we do not live in the south side of Milwaukee where other Hispanics live. Our daughter Yvette, a National Merit Scholar, a Watson Scholar, trilingual, an Emory

University graduate, has encountered the same problem in Atlanta. Her English accent is mainstream North American. In some instances, when she has called to inquire for a rental of an apartment, giving her last name as García has been "the kiss of death." When her fiancée called and inquired about the same apartment, the call was quickly answered. Just because we have lived in the USA or were born here does not mean that we can ignore our *mestizaje*. This is the reality of our present and our future as members of the U.S. Hispanic/Latino population.

Our children may speak English, we may have become Americanized but this tension still exists. In light of our present with a vision to the future, we must seek out also the many hidden faces of U.S. Hispanics that are members of our Lutheran Church-Missouri Synod. We must call them to walk with us in a discipleship of the cross. This is essential if we are also going to ask our non-Hispanic brothers and sisters to walk with us in the way of the cross.

Last, but not least, we cannot forget the numbers. President Gerald Kieschnick reminded us that the U.S. Hispanic population will continue to grow very rapidly in North America during the 21st Century. We will be growing, however, within different contexts and situations. There will continue to be poor, undocumented, marginalized Latinos that will come to America in search of a better future. In the marginalized ghettoes of our urban areas Hispanics will be shouting the language of African-American rappers in search of a better future. There will also be some Hispanics who will be overtaken by the American dream and will worship the gods of consumerism in their new homeland. Our approaches must take into account the multiplicity of local situations and opportunities. But this approach cannot repress or make us forget our unique Hispanic identities as we celebrate life in our walk with Jesus. It is in this walk that we will be blessed by the power of Christ's resurrection and his incarnate message of hope for all tribes and nations. It is in this walk that we celebrate our common past, present and future under the cross. It is in this common walk that we welcome brothers and sisters in the LCMS from every tribe and nation to be the bearers of the living voice of the Gospel.

Ash Wednesday
February 25, 2004

Rev. Alberto Lázaro García, Ph.D.
President
National Hispanic Lutheran Convention

Palabras Finales

Uno llega a ser teólogo al vivir, morir, al ser condenado:
y no solamente por intelectualizar, leer y especular
Martín Lutero, *Operationes in Psalmos*
(*WA 5*, 163, 29-30, *1519-1521*)

Nuestra Primera Convención Hispana Luterana fue un evento histórico para la Iglesia Luterana-Sínodo de Missouri. Por primera vez teólogos hispanos y no hispanos dialogaron sobre temas muy importantes y decisivos para nuestro ministerio y misión con el pueblo hispano-americano en el Siglo XXI. Como el primer presidente elegido de esta Convención quiero celebrar este evento con nuestra Iglesia Luterana. Considero imprescindible para este *kairos*, este momento crucial en nuestra misión al pueblo hispano, los temas desarrollados concernientes a nuestro pasado, presente y futuro bajo la cruz de Cristo. Los ensayos presentados son una reflexión encarnada y viviente de lo que significa encarnar a los discípulos de la cruz en el contexto de la vida del pueblo hispano en los Estados Unidos.

He aprendido por medio de un gran número de teólogos hispanos destacados, como los muy distinguidos Dr. Justo L. González y el padre Virgilio Elizondo, que la teología Latina/Hispana debe de ser escrita desde una perspectiva muy personal y encarnacional en el contexto de nuestras comunidades. Esta es la única manera que podemos leer nuestro pasado y presente para así tener esperanza en nuestro futuro. Esta lectura puede ser, y en realidad lo es, una lectura muy dolorosa.

Pero esa misma lectura nos lleva a la luz del Evangelio, el cual a su vez nos conduce a una bella transformación, y nos impulsa a un serio compromiso para emprender el discipulado de la cruz. Invito, entonces, al lector a que junto con esta reflexión emprenda de una manera muy personal su jornada donde se examinará nuestro pasado, presente y futuro común bajo la luz del testimonio de la cruz. Es imperativo emprender esta jornada tan personal por causa del Evangelio.

Escribo esta reflexión desde la perspectiva de un teólogo hispanoamericano con raíces muy profundas arraigadas en la fe católica evangélica de Martín Lutero. He servido por los últimos treinta años como pastor, educador, y dirigente en la Iglesia Luterana-Sínodo de Missouri. Mis comentarios, entonces, no son un mero ejercicio teológico sino son más bien un testimonio viviente de lo que significa ser un teólogo de la cruz para una nueva generación. Mis reflexiones se encuentran arraigadas, entonces, en el camino de la cruz. Este camino ha bendecido mi pasado, y continúa transformando mi presente, y vivo teniendo esperanza de un futuro brillante iluminado por Cristo crucificado y resucitado. Jesús siempre nos guía bajo su cruz. Esta es mi visión fundamental. Él siempre nos acompaña en nuestro peregrinaje, y continuará haciéndolo así en el futuro. Mis comentarios no son solamente una exhortación a proclamar el perdón de los pecados, perdón que Cristo ofrece bajo la cruz a todos pueblos y naciones. Son a la vez un reto a que vivamos de una manera encarnacional la compasión de Jesús de Galilea como un testimonio viviente de nuestra fe confesional. Esta visión era esencial en el quehacer teológico de Lutero. Durante sus momentos más difíciles como reformador y confesor de la iglesia, su esperanza en el futuro no estuvo anclada en un ejercicio académico. Lutero vivía enfocado en el camino de la cruz. El arte de la teología para Lutero estuvo anclado en un testimonio encarnacional señalando de esta manera la forma en que Jesús llama a sus discípulos a vivir como teólogos de la cruz. Lutero estuvo dispuesto a pagar el costo de la cruz por causa del Evangelio.

Mis raíces cristianas brotan en Cuba. Crecí en una Iglesia Católica Romana que era más bien dada a la celebración de la vida y al sufrimiento que al debate teológico. Mis padres me infundieron la religiosidad popular de mi familia. Cada 7 de agosto celebrábamos el día de mi santo, San Alberto de Cecilia, que fue también el santo y nombre de mi abuelo materno. Mi segundo nombre es Lázaro. Fui bautizado también con este nombre en honor al pobre mendigo de la parábola, quién, por cierto, es celebrado en Cuba como el santo más conocido en la religiosidad del pueblo cubano.

Cuando descubrí el mensaje católico evangélico del luteranismo, encontré el mensaje maravilloso del amor incondicional de Cristo hacia mí. Aunque también durante mi juventud jamás pude reconciliar el significado de mi religiosidad popular con mi fe evangélica. Es más, durante mi instrucción para ser confirmado percibí que la fe de mis abuelos y padres era enemiga de mi fe en Cristo. Entonces comencé a rechazar o ignorar la religiosidad popular de mi familia. Esta percepción personal fomentó cierto aislamiento de ellos. Admito que me tomó un poco más de veinte años el entender que la religiosidad popular de mi padre podía vivir como parte integral de su confesión de fe y salvación en Cristo Jesús, así como se expresa en Romanos 3. La visión esencial de su religiosidad popular lo acompañó hasta el final de su vida. Lázaro no fue un mero santo milagroso. Él fue aquél a quien Dios acompañó y afirmó en sus momentos de más necesidad y pobreza. Es por eso que quiero invitar a mis hermanas y hermanos latinos a que reflexionen sobre su religiosidad popular: ¿han llegado a reconciliar su fe evangélica con esta realidad tan importante en nuestra cultura por causa del Evangelio? Al mismo tiempo apelo a nuestros hermanos y hermanas no hispanos a que mediten en lo siguiente: ¿cuántas veces han considerado la religiosidad popular hispana como algo que refleja las más profundas necesidades y aspiraciones del pueblo al cual desean servir? ¿Ha sido esta religiosidad un punto de identificación o rechazo con ese pueblo? Este es un punto esencial que tenemos que reconocer para afirmar la esperanza del pueblo latino al cual queremos servir en nuestras comunidades.

Durante mi formación para el santo ministerio, las herramientas teológicas que adquirí fueron importantes. Mis compañeros en el Colegio Concordia de Austin, Texas, y en el Seminario Concordia de Springfield, Illinois, al igual que mis profesores me aceptaron como uno de ellos.

Con todo, mi formación teológica fue matizada con enfoques emanados en el Norte de Europa y en América del Norte. En estos enfoques era más importante rechazar la doctrina falsa que el afirmar la verdad del vivir como teólogos de la cruz. Aprendimos muy bien a ser confesores de la fe ante las corrientes del Modernismo y el Existencialismo. Este arte teológico llegó a ser más académico primordialmente y se impuso ante la encarnación en la viva voz del Evangelio. Mientras tanto la fe de mi pueblo llegó a ser profundamente reprimida dentro de mi conciencia. Esto significa que en la primera etapa de mi formación teológica, llegué a experimentar las premisas de lo positivo o negativo en lugar de aceptar lo positivo pero *también*, como fue analizado por Justo González en una de las ponencias. Mi formación teológica también me llevó a desarrollar mi primer ministerio en la ciudad de Chicago. En ese tiempo era más importante para mí enseñar correctamente nuestra fe confesional que vivir esa fe en medio de las lamentaciones y aspiraciones del pueblo de Dios. Necesitamos renovar nuestro camino de la cruz a la luz de la confesión de nuestro Señor: "el Hijo de Dios no vino para ser servido sino para servir y dar su vida en rescate por muchos" (Marcos 10:45). La afirmación más genuina de nuestra verdadera fe confesional luterana comienza con una vida de discipulado bajo la cruz. Nosotros, el pueblo de Dios, hispanos y no hispanos, en conjunto debemos de reflexionar sobre la forma en la cual una confesión fiel de las Sagradas Escrituras comienza con una correcta acción (praxis) bajo la cruz de Jesús.

Durante mis primeros días como ministro cambié mi nombre de Alberto a Albert. Quería también cambiar mi segundo nombre de Lázaro a Lutero. No lo llevé a efecto ya que esto causó gran disgusto a mi padre. Decidí por respeto a mi familia honrar el nombre de Lázaro. Solamente en estos años recientes he comenzado a usar el nombre Alberto de nuevo. Esto se relaciona con el despertar de mi conciencia bajo el discipulado de la cruz. Este camino me ha ayudado a vivir bajo la paradoja de sí pero *también* en lugar de sí o no al afirmar la fe de mi pueblo con relación a mi fe evangélica confesional.

Durante mi primera asignación en la Iglesia Luterana Cristo en el barrio Logan Square en Chicago, mi visión hacia el ministerio era una de asimilación. Tuve la creencia que era definitivamente posible asimilar dentro de una congregación de raíces alemanas/anglosajonas a una congregación urbana compuesta principalmente por puertorriqueños, mexicanos y colombianos bajo una sola iglesia con solo una administración. Creía sinceramente que el conseguir una asimilación y unión de los dos grupos era la única manera de confesar a: "un Señor, una fe, un bautismo, un Dios y Padre sobre todos" (Efesios 4:5). No comprendía la realidad concreta y dinámica del vivir bajo la cruz. Ahora me doy cuenta que podemos vivir unidos en Cristo pero a la misma vez ser diferentes. Podemos afirmar nuestra identidad latina/hispana y a la misma vez vivir nuestra fe cristiana bajo la cruz. La viva voz del Evangelio me llevó a esta conclusión. Unidad no significa uniformidad a la luz del Cristo encarnado.

La congregación hispana que serví en mi primer ministerio en Chicago, estaba integrada por inmigrantes indocumentados y extremadamente pobres. Viví con ellos sus luchas, y lloré con ellos sus llantos. Mientras tanto, los hermanos y hermanas de la congregación anglosajona, tenían buenas intenciones. Pero ellos miraban las cosas con una perspectiva distinta. Se consideraban los dueños del templo y la propiedad. Tomaban decisiones sobre el curso de la congregación. Con todo querían que los dirigentes hispanos se apropiaran de su visión y prioridades para el futuro. Su perspectiva claramente era preservar el futuro de la congregación fundada por sus abuelos y padres inmigrantes europeos. En realidad, ellos asumieron un papel privilegiado al tomar las decisiones. La unidad únicamente para ellos consistía en la aceptación por los hermanos latinos de su estilo antiguo de vivir y de su entendimiento de lo que era ser luteranos.

Pero también yo había asumido una posición de privilegio entre mis hermanas y hermanos hispanos en Chicago. Tengo que confesar que me era muy difícil servir y trabajar en medio de sus problemas y necesidades. Nací y fui criado en Cuba en una familia de clase media. No sufrimos la discriminación ni vivimos en la pobreza. Mis primeras experiencias como exiliado cubano fueron marcadas por una agradable acogida de parte de la comunidad norteamericana de Miami. Esta era la época de la guerra fría, y nosotros los refugiados cubanos representábamos la voz de la libertad en contra de un gobierno comunista. Me doy cuenta que asumí un lugar privilegiado entre el pueblo hispano-americano de los EUA sin comprenderlo en su totalidad.

En Cuba crecí en un barrio integrado. Un buen número de mis vecinos eran negros. Nuestros mejores vecinos eran jamaiquinos. Eran piadosos metodistas. Me enseñaron inglés al leer las Sagradas Escrituras en ese idioma. También bailamos juntos al rítmo del Calypso. Pero algo hizo despertar mi conciencia. Un año después del triunfo de la revolución cubana, me acuerdo que llevé a dos compañeros de mi tropa de Boys Scouts al Club Náutico, un club privado ubicado a la orilla del mar. Mi familia tenía membresía en ese club. Mis amigos iban conmigo a nadar. Pero una ocasión, a pesar de mis ruegos a los oficiales, a mis amigos les fue negada la entrada al club por ser negros. Mis queridos amigos Mayito y Rafaelito me sugirieron que fuéramos a la playa pública, donde terminamos pasando un día muy agradable. Fue solamente años más tarde que al leer el libro de Cristina García, *Soñando en Cubano,* descubrí que mis amigos fueron excluidos del Club Náutico debido al color de su piel. Este descubrimiento cambió mi perspectiva en la vida. Lágrimas corrieron por mi rostro, y desde entonces entendí lo que es el vivir en una posición privilegiada.

Igualmente derramé lágrimas al ver cómo a mis hermanas y hermanos en Chicago les negaron sus derechos cívicos. Es en ese momento en el cual Jesús con su Evangelio me iluminó en el camino de la cruz (Mateo 10). En el Evangelio tenía y tengo que negar mi lugar privilegiado. Ahora me doy cuenta que existe una lucha continua en mi camino como discípulo de Jesús, pero le pido a Dios diariamente que me conceda las fuerzas para vivir el ministerio encarnacional de Cristo junto al pueblo de Dios. Debemos de meditar ahora sobre el modo en que nuestro privilegio impide nuestro transitar por el camino de la cruz, y sobre todo debemos de orar para encontrar formas para servir entre todos los pueblos y naciones.

Mi transformación lograda únicamente bajo la cruz me permitió cambiar mi propia visión y acción durante mi primer ministerio. Entonces comencé a tomar seriamente los conflictos y sueños de mis hermanas y hermanos en la comunidad hispana. Con esa perspectiva me era imposible predicar la asimilación. Empecé a vivir bajo la paradoja de la cruz. Pensé que era indispensable señalar a Cristo Jesús, quién como nuestro redentor tomó nuestro lugar y nuestro pecado. Pero era también importante señalar a Jesús como nuestro defensor que nos acompaña en nuestras angustias y necesidades. Por lo tanto, estoy convencido que es necesario vivir el camino de la cruz en nuestra evangelización de las futuras generaciones. Necesitamos vivir una teología de acompañamiento como lo expresó Aurelio Magariño en su ponencia.[1] Sólo haciendo esto puedo anticipar que podremos afirmar la "teología de diferencia", según lo sugirió J.A.O. Preus III en su ponencia.

Es indispensable mantener en una tensión dinámica el camino de la cruz en nuestra teología pastoral mientras servimos a todo pueblo y nación. Solo viviendo de esta manera, Jesús de Galilea vive tanto su divinidad como su humanidad. Él no se puede separar de su particularidad humana. Esta particularidad humana es bendecida por su divinidad. Su divinidad y humanidad viven unidas a su persona que se refleja en una proclamación dinámica del Evangelio. En otras palabras, no podemos tener una unidad si no se toma en serio nuestra particularidad racial y étnica. Tampoco podemos afirmar nuestra realidad encarnacional si esta acción hace de Dios un ídolo. Es por esto que tenemos que vivir nuestro discipulado de la cruz en un modo dinámico encarnacional, Cristo nos guía en su humanidad y divinidad. Este es el modo en que debemos de vivir nuestro discipulado de la cruz presente y futuro.[2] Esta es la única manera por la cual podemos verdaderamente ser una iglesia genuinamente católica, esto es, vivir de acuerdo a la totalidad de cualquier rincón del universo, sin opacar nuestra catolicidad bajo la sombra de

---

[1] Cf. Alberto L. García y A.R. Victor Raj, *The Theology of the Cross for the 21st Century: Signposts for a Multicultural Witness* (Saint Louis: Concordia Publishing House, 2002), 19-31, 192-201. En estos ensayos sugiero cómo una teología de acompañamiento nos guía a vivir bajo la cruz y a respetar nuestras diferencias.
[2] Alberto L. García, "Christological Reflections on Faith and Culture" en *Christ and Culture in Dialogue: Constructive Themes and Practical Applications*. Editado por Angus J.L. Menuge, William R. Cario, Alberto L. García (Saint Louis: Concordia Publishing House, 1999), 67-103.

nuestras posiciones privilegiadas.[3] Nuestra unidad significa en términos encarnacionales lo que cargamos con el costo del discipulado. Solamente así podemos vivir por Cristo y por cada uno de nosotros como dirigentes y, a la vez, siervos.

Douglas Groll y Aurelio Magariño nos exhortaron en sus reflexiones a vivir como teólogos de la cruz, y no como teólogos de gloria. Los teólogos de la cruz viven completamente bajo la misericordia de Dios. Este punto de partida crucifica nuestras perspectivas pecaminosas que glorifican nuestra humanidad. Desde el punto de vista de nuestra experiencia latina, esto significa que debemos de pedir perdón por los pecados que hemos cometido contra nuestras hermanas y hermanos. Recuerdo que durante mi primer ministerio en Chicago dos de nuestras más apreciadas dirigentes hispanas se enojaron una con la otra. Una insultó a la otra llamándola "mojada", y la otra contestó insultando también a su hermana en Cristo al llamarla "madre dependiente de la asistencia social". Ambas mujeres eran las mejores amigas, con similares luchas como mujeres hispanas. Más el pecado las llevó a herirse mutuamente. Nosotros como latinos viviendo en los EUA tenemos que recordar también que somos hijos de Dios debido a la pura misericordia y gracia de Él. Tenemos también que afirmar que Dios valora todos nuestros mestizajes. De la misma forma debemos de valorar a nuestras hermanas y hermanos de todos los pueblos que nos acompañan en el camino de la cruz.

Douglas Groll describió nuestra situación latina en los Estados Unidos a la luz de los escritos de Virgilio Elizondo como una situación de "mestizaje". Es imprescindible para los dirigentes

---

[3] Cf. Justo L. González, *Out of Every Tribe and Nation* (Nashville: Abingdon Press, 1992). El Dr. González afirma la catolicidad de la iglesia cuando tomamos en serio todas las particularidades de la iglesia mundial como expresión completa de esa catolicidad.

hispanos en EUA que entendamos que la condición de "mestizaje" nos pertenece a todos. El vivir bajo nuestro mestizaje significa que nunca seremos aceptados completamente como hispanos o como americanos en los Estados Unidos. Vivimos en una realidad fronteriza como hispanos-americanos. No pertenecemos completamente a una o a la otra nación. Esta realidad no la podemos ignorar.

Soy galileo y mestizo. Esto suena ridículo para ustedes que me conocen personalmente. Soy un hombre hispano de raza blanca. Mis antepasados nacieron en España e Italia. Al visitar a Cuba recientemente me confundieron con un alemán debido a mi tez tan blanca, la cual se mantiene así por el hecho de que en donde yo vivo en el norte de los Estados Unidos, el sol no me puede quemar durante el invierno porque no sale mucho. Tenemos que entender también que nuestras culturas se encuentran siempre en proceso de cambio. Hablo español sin acento, pero mi idioma ha sido bendecido por mi asociación con otros latinos en los EUA. Algunas veces me han dicho que soy puertorriqueño por el hecho de que he convivido tantos años como pastor entre mis hermanos de la Isla del Encanto. En Milwaukee la gente con frecuencia me pregunta sobre mi lugar de origen al notar mi acento latino. Pero mí mestizaje implica mucho más.

Me considero muy bendecido porque soy un hispano con mi membresía en una congregación de la Iglesia Luterana-Sínodo de Missouri. Fui el primer latino en obtener una cátedra como profesor de teología en uno de sus seminarios. También soy el primer hispano en esta Iglesia en obtener un doctorado en teología. No quiero vanagloriarme aquí, sino quiero seguir el camino de la cruz pues mi posición está relacionada también con mi mestizaje en la iglesia.

A pesar de que he llegado a ser un profesor de teología nunca he recibido un llamado para ser pastor de una congregación bilingüe. Sin embargo, varios de mis propios alumnos, que no son hispanos y que no hablan suficiente español, han sido escogidos primero que yo por congregaciones anglosajonas que desean tener un pastor bilingüe. Mi familia también ha sido marginada. Mi esposa Mori es cubana. Ella es una mujer rubia de ojos verdes. Pero debido a que habla el inglés con acento y su apellido es García le han preguntado varias veces en Milwaukee la razón por la cual no vivimos en el sur de la ciudad donde viven la mayoría de los latinos. A nuestra hija Yvetee, que se graduó de la Universidad Emory, y que es trilingüe y que ha recibido excelentes premios académicos, le ha sucedido algo parecido en Atlanta. Ella nació en los Estados Unidos y no denota tener un acento extranjero al hablar el idioma inglés. Cuando estaba buscando rentar un apartamento en Atlanta cometió el error de haber informado que su apellido era García. Ese hecho le impidió tener un buen resultado en dos ocasiones. En cambio cuando su novio anglosajón llamó exactamente a los mismos lugares, él si obtuvo éxito. Esta es nuestra realidad actualmente, y creo que va a ser intensificada en el futuro inmediato con el crecimiento de nuestra población hispana en los Estados Unidos.

Nuestros hijos probablemente hablarán inglés y habrán de alcanzar cierta prosperidad, pero la tensión de vivir en un mestizaje es una realidad muy cercana para ellos. Es por esto que a la luz de nuestro presente tenemos que buscar esa silenciosa minoría hispana que vive en congregaciones anglosajonas en nuestras iglesias luteranas. Tenemos que animarlos para que caminen con nosotros en el discipulado de la cruz con nuestro pueblo hispano. Es necesario también pedirles a nuestras hermanas y hermanos no hispanos que caminen con nuestro pueblo en el discipulado de la cruz.

Por último, pero no por eso de menor importancia, no podemos olvidarnos de la explosión de crecimiento de nuestra población hispana en los Estados Unidos. El presidente Gerald Kieschnick nos recordó la manera en que esta población continuará creciendo aceleradamente en América del Norte en este siglo. Pero nuestro crecimiento igualmente se dará en diferentes áreas y contextos. Inmigrantes pobres continuarán llegando a nuestras fronteras y vivirán marginados del sueño americano. En nuestros ghettos escucharemos gritos al ritmo del rap afro-americano los lamentos y sueños de nuestros jóvenes que buscan un mejor futuro. Vivirán entre nosotros también latinos que serán acosados por los ídolos de la riqueza presentes en el sueño americano. Nuestro discipulado de la cruz nos debe invitar a reconocer y actuar frente a las múltiples oportunidades que se encuentran presentes en las diversas situaciones y lugares donde vive nuestro pueblo hispano. Pero nuestros pasos no pueden olvidar ni negar nuestras distintas identidades hispanas cuando celebramos la vida en nuestro caminar con Jesús.

Nuestro caminar será bendecido por el poder del Cristo muerto y resucitado, y por su mensaje repleto de esperanza para todos los pueblos y naciones. Es en este caminar con Jesús donde celebramos nuestro pasado, presente, y futuro común bajo la cruz.

Es en este caminar que invitamos a todas las hermanas y hermanos de todas las naciones y pueblos para que sean también instrumentos de la viva voz del Evangelio bajo la cruz.

Miércoles de Ceniza
25 de Febrero de 2004

Rev. Alberto Lázaro García, Ph.D.
Presidente
Convención Nacional Hispana Luterana